TRAVESSIA

A Video-based Portuguese Textbook

CADERNO DE EXERCÍCIOS

Preliminary Edition
Units 1-6

Jon M. Tolman
University of New Mexico

Ricardo M. Paiva
Georgetown University

John B. Jensen
Florida International University

Nívea P. Parsons
University of Arizona

GEORGETOWN UNIVERSITY PRESS

ÍNDICE

VI. LENDO E ESCREVENDO:
O RESTAURANTE DON GIOVANNI

restaurante música alegria
BONGIOVANNI

Os mais requintados pratos da
cozinha internacional.
Jantar dançante todas as noites
com música ao vivo (2 conjuntos com 18 figuras)
3 pistas de dança iluminadas
salões para banquetes
ar condicionado central
almoço diariamente.

BONGIOVANNI

O seu restaurante.....
Av. 9 de Julho, 5.505 — fone 280-1355 (PABX)
Manobristas à porta
Aceitamos todos os cartões de crédito.

Happy Music Restaurant

The most refined dishes of
international cuisine.
Dinner-dance every night with
live music (2 bands of 18 pieces)
3 lit dance floors
banquet rooms
central AC
daily luncheon specials

your restaurant!

Valet service
We accept all credit cards.

1. O restaurante Don Giovanni tem comida internacional? *Sim, tem pratos da cozinha internacional.*

2. Tem música? *Sim, tem dois conjuntos.*

3. Os pratos são requintados? *Sim, são requintados.*

4. Todos os dias tem almoço? *Sim, tem almoço diariamente.*

5. O endereço é Rua 9 de Julho, 5.555? *Não, o endereço é Avenida Nove de Julho, número 5.505.*

6. O restaurante aceita todos os cartões de crédito? *Sim, aceita todos os cartões.*

7. Tem seis pistas de dança iluminadas? *Não, tem três pistas de dança.*

8. Tem salões para banquete? *Sim, tem salões.*

9. O restaurante tem telefone? *Sim, o número do telefone é 280-1355*

VII. PLURAL I

A. **No Shopping Rio Centro.** Write out your shopping list, using plural forms.

	Compras Hoje no Shopping Rio Centro

disco (5) — cinco discos

colher (8) — *oito colheres*

blusa (10) — *dez blusas*

O perfume francês (2) — *dois perfumes franceses*

vinho português (4) — *quatro vinhos portugueses*

trem de plástico (3) — *três trens de plástico*

camisa branca (9) — *nove camisas brancas*

lápis (6) — *seis lápis*

cobertor (4) — *quatro cobertores*

B. **O Rio de Janeiro.** Use the words listed in the plural: *jardim, edifício, bairro, mulher, elegante, flor, jovem, simpático, homem, bom, praia*

"O Rio de Janeiro"

O Rio de Janeiro é uma cidade muito bonita. Tem muitos _edifícios elegantes_ ___bairros___ . Tem museus, ___jardins praias___, parques, ___edifícios___ modernos e ___bons___ restaurantes. Os ___jovens___ do Rio são alegres e ___simpáticos___ . As ___mulheres___ e os ___homens___ gostam muito de dançar samba e nadar na Praia de Ipanema. O Rio também tem muitos ___jardins___ com lindas ___flores___ .

C. **Meus amigos**. Write a short composition using at least five of these words in the plural: *ótimo, famoso, feliz, simpático, doente, ótimo, famoso, feliz, simpático, doente, pequeno, nervoso, feio, bonito.*

"Meus Amigos"

Eu tenho muitos amigos e amigas. Steven é pequeno, Elizabeth é nervosa, Lourdes é simpática e Isadora é feliz. Ninguém é famoso, nem feio. Na semana passada, a gente ~~saímos~~ *nós fomos* ~~ao~~ museu de arte e ~~~~ *vimos* os ótimos quadros. Joan ~~não~~ não pôde assistir por que ela esteve doente. Nós vimos muitos quadros famosos. Um dos muitos pequenos foi pintado com ouro e ~~foi~~ *era* maravilhoso. Na semana ~~que~~ próxima, nós vamos ~~ir~~ à praia *para* ~~por~~ nadar*mos*. ~~Uns~~ Uns dos meus amigos ~~são~~ *ficam* nervosos perto do mar. Se as ondas estão ~~são~~ grandes demais, *os* meus amigos vão dormir em um ~~cobrador~~ nas areias.

· Cobertor

VIII. LENDO E ESCREVENDO:
ALTO DA SERRA

Condomínio Alto da Serra
Uma nova opção de lazer.

Aluga casas para temporada e fins de semana. Casas com 3 dormitórios em local montanhoso, 40 000m de área verde com belíssima paisagem e, ainda, piscina, cavalos, vôlei, playground, futebol, bar, restaurante etc.

Km 50,5 da Rodovia Raposo Tavares
Estrada Taipas de Pedra - S Roque - S P.

Reservas: R. Pinheiros, 411
Fone: (011) 853-3808

Um lugar simplesmente maravilhoso.

Certo ou errado? Right or wrong?

1. O nome do Condomínio é ALTO DA SERRA. _certo_
2. Você faz reservas na Rodovia Raposo Tavares _errado_
3. Você compra as casas. _errado_
4. Você aluga casas para temporada e fins de semana. _certo_
5. O condomínio Alto da Serra é na praia _errado_
6. Não tem área verde. _errado_
7. O Condomínio Alto da Serra é uma nova opção de lazer. _certo_
8. A paisagem é belíssima e o lugar maravilhoso. _certo_
9. Não tem piscinas, bar e restaurante. _errado_
10. Lá você joga futebol, vôlei e anda a cavalo. _certo_

PARTE II

I. VERBO *TER*

A. **Quem tem?** Who in your family and among your friends have——?

Quem?	O quê?
1. *Meu primo tem*	um carro esporte
2. <u>Meu namorado tem os</u>	olhos verdes
3. <u>Minha tia tem</u>	uma casa na esquina *corner*
4. <u>Meus sobrinhos têm as</u>	~~uma~~ bicicletas
5. <u>Minha cunhada tem</u>	um amigo brasileiro
6. <u>Minha sobrinha tem</u>	sorte no amor
7. <u>Meu irmão tem</u>	um computador
8. <u>Ninguém tem</u>	aulas de italiano
(Todos?) 9. <u>Todo mundo tem</u>	uma televisão
10. <u>Ninguém tem</u>	uma piscina

B. **Imagens sugestivas.** What do these images suggest? Use *ter* + a noun (*saudade, ciúme, medo, dor de cabeça, sorte,* —— *anos, aula de,* etc.) to tell what comes to mind.

1. Coca-Cola   *Eu tenho sede.*

2. minha família   <u>Nós temos saúde.</u>

3. meu/minha namorado/a   <u>Ele tem sorte no amor.</u>

4. aspirina   <u>Ontem eu tive dor de cabeça.</u>

5. dinheiro   <u>Minha irmã não tem muito dinheiro.</u>

6. idade   <u>Minha mãe tem setenta e ~~sete~~ três anos.</u>

7. fantasma   <u>Meus gatos têm medo dos fantasmas.</u>

8. português   <u>Eu tenho confiança que o meu português está aumentando em Português. melhorando.</u>

C. **Que aula você tem?** Study the class schedule below and answer the questions:

Dias	eu	Rosa e Marta	Jorge	Sueli
Segunda-feira	Português	—	Física	—
Terça-feira	—	Francês	—	Sociologia
Quarta-feira	Matemática	Tênis	História	Russo
Quinta-feira	Geografia	Ginástica	Italiano	—
Sexta-feira	tempo livre	trabalho	tempo livre	Informática
Sábado e Domingo	tempo livre	trabalho	tempo livre	trabalho

1. Quem tem aula de português? *Eu tenho aula de português.*

2. Quem tem trabalho no sábado? Rosa, Marta e Sueli têm trabalho no sábado.

3. Quem não tem aula na terça? Nem eu nem Jorge tem aula na terça-feira.

4. Quando Rosa e Marta têm aula de ginástica? Elas têm aula de ginástica na quinta.

5. Quando a Sueli tem aula de sociologia? Ela tem aula de sociologa na terça.

6. Quem tem tempo livre no domingo? Eu e Jorge temos tempo livre no domingo.

7. Quem não tem trabalho? Eu e Jorge não temos trabalho.

8. Quando você tem aula de geografia? Eu tenho aula de geografia na quinta.

9. Quem tem sábado e domingo livres? Eu e Jorge temos o fim de semana livre.

10. Quem tem aula de informática na sexta? Sueli tem aula de informática na sexta-feira.

computer

Qual é a diferença entre computador e informática?

D. **Quando você tem aula?** Fill out the class schedule with Portuguese names for your
subjects.

Eu não estou estudando. A minha aula única é esta
Sou estudante

HORÁRIO DE AULAS

a aula de
português no
Sábado de tarde.

MANHÃ						
HORAS	SEG.	TERÇA	QUARTA	QUINTA	SEXTA	SÁBADO
8:00						

TARDE

NOITE

E. **Eu tenho que ...** We have to do lots of things—tell what you and other people have to do. (*estudar, cuidar da saúde, limpar a casa, etc.*)

1. Eu *tenho que estudar música.*

2. Meus pais _têm que tomar conta das casas deles._

3. Meu/minha namorado/a _tem que trabalhar muitas horas._

4. Nós _temos que estudar português._

5. Meu amigo _tem que visitar seus sogros._

6. Nosso professor _tem que corrigir nossos deveres de casa._

7. O meu vizinho _tem que tomar conta do seu jardim._

8. O diretor da escola _tem que apainstar o telefone._
   atender

F. **O que você tem e o que você não tem?**

1. *Eu tenho um carro.*　　　　　　*Eu não tenho tempo.*

2. _Eu tenho dois gatos._　　　_Eu não tenho um cachorro._

3. _Eu tenho os olhos azuis._　_Eu não tenho os olhos castenhos._

4. _Eu tenho uma casa._　_Eu não tenho uma mansão._

5. _Eu tenho muitos amigos._　_Eu não estou só. / sozinha._

II. LENDO E ESCREVENDO: PRAIA DO PRADO

Read the advertisement below and then write eight short sentences describing the Praia do Prado, using the verb *ter*.

PRAIA DO PRADO:

Summer

Verão o ano todo e a vida que você pediu a Deus. *asked*

- **Excursões em confortáveis ônibus de turismo com ar condicionado.**
- **Programas de 5 e 7 dias.**
- **Você também conhecerá Porto Seguro e Alcobaça. E se quiser, "estica" até Ilhéus e Salvador.**
- **Preços inacreditáveis.**

SOLICITE FOLHETO AO SEU AGENTE DE VIAGENS

APOIO:
Bahiatursa
emtur

Excursões

soletur

EM TURISMO A NÚMERO 1
EMBRATUR Nº 00866.00.41.0
ABAV SP 246

CENTRO: Av. São Luiz, 192 - Loja 10 (a do luminoso que parece a Broadway)
Tel.: **231-4244**

IBIRAPUERA: Alameda dos Jurupis, 1499 - (Junto ao Shopping Ibirapuera)
Tel.: **542-6233**

Estacionamento Grátis nas lojas acima.

Ali, no sul da Bahia, entre Porto Seguro e Alcobaça, a Praia do Prado espera por você com tudo o que lhe dá direito: natureza quase selvagem, casario simples e uma beleza imensa.

E, para suas noites de diversão, tem a lambada, a dança típica do lugar, dançada nos bares de Prado com alegria e sensualidade.

No novíssimo Hotel Praia do Prado, você completa seus sonhos com outros atrativos: piscina, restaurante, ótimos apartamentos e um serviço de primeira.

Você vai — e vai pedir a Deus para ficar por lá.

1. A Praia do Prado tem programas de 5 e 7 dias. C
2. Os ônibus de turismo têm ar condicionado. C
3. A Praia do Prado tem verão o ano todo. C
4. Os agentes de viagem têm os folhetos. C
5. Tem natureza quase selvagem C
6. Tem uma beleza imensa. C
7. Tem a vida que você pediu a Deus. C
8. O Hotel Praia do Prado tem piscina e restaurante. C

III. VERBO IR

A. **Horário.** Look at this schedule and answer the questions.

Dias da semana	Tânia	Eu e meus amigos	Rosa e Hugo
Segunda-feira	dentista	trabalho	museu
Terça-feira	praia	cinema	biblioteca
Quarta-feira	médico	parque	festa
Quinta-feira	teatro	universidade	boate
Sexta-feira	bar	a casa do professor	restaurante
Sábado	aula de português	montanhas	Rio de Janeiro
Domingo	igreja	praia	museu

1. Para onde a Tânia vai na segunda-feira? *Ela vai para o dentista.*

2. Quem vai para o Rio de Janeiro? Rosa e Hugo vão para o Rio. C

3. Quando você e seus amigos vão para o cinema? Nós vamos na terça-feira. C

4. Para onde Rosa e Hugo vão na quarta? Eles vão à festa na quarta-feira C

5. Quem vai para a casa do professor? Eu e meus amigos vão para a casa do professor.

`(crase)
à

~ ^

6. Quem vai para a boate e quando? *Rosa e Hugo vão para a boate na quinta.*

7. A Tânia vai para a aula de português no sábado? *Sim, ela vai no sábado.*

8. Quem vai para o cinema e para o parque? *Nós vamos para o cinema e para o parque.*

9. Tânia está doente. Para onde a Tânia vai na quarta-feira?

   Ela vai ~~ao~~ médico.

10. Para onde Rosa e Hugo vão na segunda-feira? *Eles vão ~~ao~~ museu.*

B. **Para onde? E para quê?** Make a list of some places that you go and why.

1. *Eu vou para a faculdade para estudar.*
2. *Eu vou para ~~a oficina~~ consultório para trabalhar.*
3. *Eu vou para a mercearia para comprar os comestíveis.*
4. *Eu vou para a padaria para comprar o pão.*
5. *Eu vou para ~~a~~ New Hampshire para passar ~~bérrias~~ férias.*
6. *Eu vou para a ~~igresia~~ igreja para meditar.*

For all these sentences, could one also just use à and ao?

C. **Diálogo.** Read the dialog and answer the questions below.

Silvana	— Para onde você vai no fim de semana?
Mário	— Vou para Campos do Jordão.
Silvana	— Quando você vai?
Mário	— Meus primos vão sábado de manhã, mas meus pais vão na sexta-feira à noite. Eu acho que eu vou com o papai e a mamãe.
Silvana	— De que vocês vão?
Mário	— Nós vamos de carro. Os meus primos parece que vão de trem.
Silvana	— Quantas horas levam daqui pra lá?
Mário	— Umas três horas. Não é longe.
Silvana	— É bom em Campos do Jordão?
Mário	— É um lugar ótimo para a gente descansar e se divertir.
Silvana	— E para onde vocês vão à noite?
Mário	— Meus pais ficam em casa. Eu vou com os meus amigos para o cinema ou para a boíte.

1. Para onde o Mário vai no fim de semana? *O Mário vai para Campos do Jordão.*

2. Quando ele vai? *Ele vai na sexta-feira à noite.*

3. Com quem ele vai? *Ele vai com seus pais, seu papai e sua mamãe.*

4. De que ele vai? *Ele vai de carro.*

5. Quem também vai para lá? *Seus primos vão também para lá.*

6. Como é Campos do Jordão? *Campos do Jordão é um lugar ótimo.*

7. Para onde o Mário vai à noite? *Ele vai para o cinema ou para a boate.*

8. O que os pais do Mário fazem à noite? *Os pais ficam em casa.*

D. **Minhas férias.** Write a short paragraph about your next vacation: *Quando você vai? De que você vai? Para onde você vai? Com quem você vai? O que você vai fazer?*

"Minhas Férias"

Eu acho que nós vamos passar nós próximas férias em Cuba. Nós vamos de avião pelo Canadá porque não a gente não pode voar pelos Estados Unidos diretamente. Eu vou com meu namorado, talvez em fevereiro. Em Cuba, nós vamos nadar no mar, dançar nas boates, escutar música, e descansar.

IV. LENDO E ESCREVENDO:
FIM DE SEMANA EM SÃO PAULO

Read the list of weekend activities and then answer each set of questions:

FIM DE SEMANA

SÁBADO

MANHÃ:

TURISMETRÔ. Roteiros turísticos em São Paulo. Saídas das 9 às 10 h e às 14 h, na Estação Sé do metrô.

VOLTA POR CIMA. Passeios de helicóptero sobre a cidade, no Morumbi Shopping Center.

VÔO PANORÂMICO DA CIDADE DE SÃO PAULO. Saídas de Congonhas às 10:30 h, aos sáb. e dom. Duração de 30 a 40 minutos. Serviço de bordo com doces, frutas, lanches e refrigerantes.

TARDE:

ESPAÇO DO FORRÓ. A partir das 18 h, na Pr. Pe. Aleixo Monteiro Mafra, em São Miguel Paulista.

EXPOSIÇÃO PERMANENTE DE ANIMAIS DE ESTIMAÇÃO. Cães e Cia. Expo-Center, das 10 às 20 h. Marginal Tietê, entre a Editora Abril e entrada para Via Anhanguera.

PLANETÁRIO. Exposição audiovisual de reconhecimento do céu e das galáxias, às 16 e 18 h, no Parque Ibirapuera.

PRAÇA DOCE. Doces caseiros e receitas de família. Das 12 às 17 h, na Praça da República.

PRAÇA DO SALGADO. Os mais gostosos salgados caseiros, a partir das 12 h, no L. do Arouche.

SESC FÁBRICA POMPÉIA. Oficinas de artes, cerâmica, desenho, fotografia. Rua Clélia, 93.

TURFE. Na Rua Bento Frias, 248, a partir das 14 h.

NOITE:

ÚLTIMO SÁBADO DO MÊS. "Bixiga, prazer em conhecê-lo". Saída às 22 h do Museu do Bixiga, Rua dos Ingleses, 165. Informações com Armando pelo tel.: 285-5009.

TEATRO. (ver seção).

DOMINGO

MANHÃ:

EMBU. Mostra de trabalhos de artes plásticas, cerâmica, barro cozido, móveis etc. No Largo 21 de Abril (a 27 Km de S. Paulo pela rodov. Regis Bittencourt - BR-116).

MISSA CANTADA. Igreja de S. Bento, às 9:45 h (Est. S. Bento do metrô).

CIRCUITO CULTURAL. São diversos roteiros de passeios turísticos, sendo que um especialmente para deficientes físicos, em ônibus especial com música ambiente. A partir das 9 horas, no Shopping Center Iguatemi.

FEIRA DE ANTIGÜIDADES. Venda de peças de antiquários a partir das 10 h, no vão livre do MASP.

FEIRA DE ANTIGÜIDADES FAAASP. Venda de objetos antigos, das 10 às 22 h no piso Boulevard do Shopping Eldorado.

FEIRA COMUNITÁRIA DE ARTESANATO. "Exposição Hippie" paulista, das 8 às 13 h, na Praça da República.

FEIRA LIVRE DO AUTOMÓVEL. Para quem quer vender, colecionar veículos de segunda mão e antigos (carros e motos). Das 6 às 13 h no estacionamento do Parque Anhembi.

AERO E NAUTIMODELISMO. Praça do Ibirapuera. Ao lado da Assembléia.

TARDE:

RUA DO CARNAVAL. Animada por sambistas de Escolas de Samba de São Paulo. Das 18 às 23 h, na Rua São Vicente, em frente à Escola de Samba Vai-Vai, na Praça 14 Bis.

RUA DO CHORO. Talentosos músicos tocam chorinhos a partir das 16 h, na rua João Moura, em Pinheiros.

RUA DO SAMBA. Das 16 às 20 h, na Rua James Holland, 663 em frente a quadra da Escola de Samba Camisa Verde e Branco.

ESPAÇO SERTANEJO. Música sertaneja a partir das 16 h, no L. do Campo Limpo.

FEIRA DO ARTESANATO ORIENTAL. A partir das 14 h, na Praça da Liberdade.

ESTE MÊS EM SÃO PAULO MAI./86

A. Respostinhas! Give a short answer.

1. Você vai para o planetário no domingo? *Não, vamos no sábado. C*

horse racing 2. O Turfe é na Rua Bento Frias, 248? *Sim. C*

3. O anúncio tem informações sobre teatro? *Não, precisa ver seção. C*

4. No domingo de manhã tem missa cantada? *Sim, na Igreja de S. Bento.*

5. Você compra objetos antigos na Feira de Ãtiguidades? *A gente pode, mas eu não tenho interesse. C*

B. Respostas completas! Give a complete answer:

1. Onde fica a rua do Samba? *A rua do Samba fica na Rua James Holland, em frente a quadra da Escola de Samba. C*

2. O que é Turismetrô? *Isto é um dos roteiros turísticos.*

3. O que vai acontecer no Estacionamento do Parque Anhembi? *(happen)*

   Tem uma feira livre do automóvel. C

4. O que tem o Serviço de Bordo do Vôo Panorâmico da Cidade de São Paulo?

   O serviço de bordo tem doces, frutas, lanches e refrigerantes C

5. Onde é a "Exposição Hippie" paulista?

   Isto fica na Praça da República.

6. Quando você vai para o Circuito Cultural?

   A partir das nove horas. C

7. O que há na Praça do Salgado? *Os mais gostosos salgados caseiros — isto é o que há na Praça do Salgado. C*

8. Para onde você vai no sábado de tarde, a partir das 12:00hs ?

   Eu vou para a Praça da República. C

7. Mas, o que significa "salgados caseiros"? salty caregivers?!!

UNIDADE TRÊS
PORTUGAL DESCOBRE O MUNDO

I. APRESENTAÇÃO Presentation

Complete o parágrafo com as palavras do texto da apresentação:

Navegar _preciso_ . A expansão portuguesa começa no

Século Quinze da África. As primeiras descobertas portuguesas foram: As

ilhas dos Açores, de _Madeira_ e de _Cabo Verde_ . Mais tarde

os portugueses se estabelecem em Guiné Bissau, _Angola_ ,

Moçambique , Goa, Diu, Damão e _Macau_ . O descobri-

dor do Brasil foi _Pedro Álarez Cabral_ .

Luís Vaz de Camões é o autor da famosa epopéia _Os Lusíadas_ que narra

a _Viagem_ de Vasco da Gama.

II. TELEFONE

A. **Escreva a palavra ou expressão** correspondente a:

1. O que você precisa para usar um telefone público? *uma ficha*

2. Outra expressão para *telefonar* *fazer uma chamada*

3. Livro onde você encontra os números de telefone *O catálogo telefônico*

4. Pessoa que ajuda a fazer um telefonema *a operadora*

Eu não sei ? – 5. O telefone público no Brasil *orelhão*

6. Ação de responder quando o telefone chama ou toca *atender o telefone* *responder* *pegar*

B. **Eu tenho o número do telefone!** Escreva o número do telefone de dois amigos, incluindo o código da cidade.

NOME: _____

TELEFONE: (_____)_____

NOME: _____

TELEFONE: (_____)_____

C. **Informações Úteis**. Observe o quadro das informações úteis. Escreva o lugar e o número do telefone de que você precisa no Rio de Janeiro nas situações abaixo.

Eu não entendo como ler uns dos números do telefone

INFORMAÇÕES ÚTEIS

COMPANHIAS AÉREAS

AEROLÍNEAS ARGENTINAS – 224-9242
Aer. Internacional - 398-3375
AIR FRANCE – 220-3666
Aer. Internacional - 398-3399
ALITÁLIA – 240-1005
Aer. Internacional - 398-3143
BRITISH CALEDONIAN – 240-0922
Aer. Internacional - 398-3888
CRUZEIRO DO SUL – 224-0522
Aer. Internacional - 398-3410
IBÉRIA – 220-3444
Aer. Internacional : 398-3168
JAPAN AIRLINES – 262-4366
Aer. Internacional - 398-3170
KLM – 220-4452
Aer. Internacional - 398-3700
LUFTHANSA – 262-1022
Aer. Internacional - 398-3620
PAN AMERICAN – 240-6662
Aer. Internacional - 398-3353
SAS – 232-8100
Aer. Internacional - 398-3606
SWISSAIR – 203-2152
Aer. Internacional - 398-3455
TAP – 220-6222
Aer. Internacional - 398-3455
TRANSBRASIL – 240-8722
Aer. Internacional - 398-3980
TWA – 263-2243
VARIG – 220-3821
Aer. Internacional - 398-3110
VASP – 212-9922
Aer. Internacional - 398-5401

POSTO DE INFORMAÇÕES TURÍSTICAS DA FLUMITUR

AEROPORTO Internacional do Rio de Janeiro – Setor A, B e C - Desembarque. Tel.: 398-4073 e 398-5053.
POLTUR – Central de Atendimento Policial ao Turista - Av. Humberto de Campos, 315 - Leblon (Prédio anexo à 14a. DP). Tel.: 259-7048. Aberto diariamente 24 horas.

Service

ÓRGÃOS OFICIAIS DE TURISMO

CEBITUR – 273-2212
EMBRATUR – 273-2212
FLUMITUR – 221-8422
RIOTUR – 232-4320
(580-8000, ininterruptamente)

TRANSPORTES

AVIÕES
Aeroporto Internacional do Rio de Janeiro - 398-6060
Aeroporto Santos Dumont - 262-6212

ALUGUEL DE CARROS
Hertz – Praia do Flamengo, 194 - 285-1249
Av. Princesa Isabel, 334-B - 275-4795

AEROBARCOS
Para Paquetá, Niterói - 231-0339 - 396-3567

BARCAS
Para Paquetá e Niterói - 224-0001

METRÔ DO RIO DE JANEIRO

LINHA 1 – Saens Pena, São Francisco Xavier, Afonso Pena, Estácio, Praça Onze, Central, Pres. Vargas, Uruguaiana, Carioca, Cinelândia, Glória, Catete, Largo do Machado, Flamengo, Botafogo

ÔNIBUS INTERESTADUAIS – Terminal Rodoviário Novo Rio - 291-5151 - Av. Franc. Bicallho, 1.

TÁXI AÉREO –
Costair - 240-1222
Líder - 220-8778
TAM - 2204660
Votec - 292-6611

TÁXI ESPECIAL –
Cootramo - 270-1442
Rádio Táxi - 2602022
Transcoopass - 2704888

TRENS – Estação D. Pedro II - 233-3277 - Pr. Cristiano Otoni, s/n.

UTILIDADE PÚBLICA

Rádio Patrulha - 262-0202 ou 190
Rel. Públicas - 242-4116
Hospital Souza Aguiar - 222-2121
Hospital Miguel Couto - 274-2121
Pronto Socorro (Cetel) 192
Salvamar - 295-9049 - 24h por dia
Depto. Trânsito - 232-0320
Documentos Perdidos - 242-1605
Das 09 às 18 h
Polícia Marítima - 263-3747
Vacinação Internacional - 240-8628
Hora Certa - 130
Previsão de Tempo - 231-2712
Juizado de Menores - 221-7706

CASAS DE CÂMBIO

EXCHANGE

AEROPORTO INTERNACIONAL – Banco do Brasil - segmentos B e C - Postos de Câmbio Manual - 24 h
ALEXANDRE DALE – Pça. 15 de Novembro, 20 - Centro
AGÊNCIA SÃO JORGE – Av. Rio Branco, 31 - Centro - 233-0676
AGÊNCIA ULTRAMAR – Av. Rio Branco, 120 - Centro - 220-727?
BANCO DO BRASIL – Av. Pres. Vargas, 328 - 2º - Centro
BANERJ – Av. Nilo Peçanha, 175 - Av. Rodrigues Alves, 20 lj - Centro
(Hotel Meridien) - Av. Atlântica, 1020 slj - Copacabana - Av. Niemeyer, 121 - Vidigal
CASA ALIANÇA – Rua Miguel Couto, 35B - Centro - 224-5735
CASA BEHAR – Av. Rio Branco, 43 - Centro - 253-2288
CASA PIANO – Av. Rio Branco, 88 - Centro - 252-6084
CASA QUEIROZ – Av. Rio Branco, 26 - Centro - 233-0726
EXPRINTER – Av. Rio Branco 57A - Centro - 233-3980
IRMÃOS CUPELLO – Av. Rio Branco, 31 - Centro - 233-7631

SITUAÇÃO	LUGAR	TELEFONE
precisa de dinheiro	Banco do Brasil / Casas de Câmbio	328-2° Centro
viajar de trem	Estação D. Pedro II	233-3277
médico	Hospital Souza Aguiar	222-2121
ir para o aeroporto internacional	Táxi Aéreo, Costair	240-1222
saber como está o dia	Previsão de Tempo	231-2712
viajar de barca	Para Paquetá e Niterói	221-0001
tomar o táxi aéreo		
encontrar o passaporte	Documentos Perdidos	242-1605
viajar para os Estados Unidos	Pan American Internacional	398-3353
informações turísticas	Atendimento Policial	259-7048

D. **Eu tenho um recado!** Responda às perguntas. *message*

1. Quem telefona para o Luís Antônio?

Sr. Ferreira ~~Ele~~ telefona para lhe. (?)

2. O Luís Antônio está?

Não, ele está fora agora.

3. Quem atende o telefone?

(A mulher ~~dele~~) Cecília

4. Qual é o número do telefone do Sr. Ferreira?

226-3421

5. Qual é o recado do Sr. Ferreira?

Pode telefonar hoje de noite.

SR. LUIS ANTÔNIO

O SR. Ferreira

TELEFONE: 226-3421

TELEFONOU-LHE

ÀS 2 HORAS   DATA 5 / 5 / 87

RECADO: pede para o senhor telefonar para ele hoje de noite

Cecília

E. **O seu recado!** Agora escreva um recado no formulário seguindo as instruções abaixo:

1. Tânia telefona para Roberto.
2. A secretária de Roberto atende.
3. Roberto não está.
4. Tânia deixa um recado.
5. Data: 9-2-87
6. Hora: 7:30 hrs.

```
┌──────────────────────────────────────────────────────┐
│  FLAT SERVICE MONTEREY  ┌──────────┐                  │
│       ALAMEDA ITÚ Nº 265  │ RECADO   │                │
│   TELEFONE : 285-6111 - PBX - SP.  │ MESSAGE  │       │
│                           └──────────┘               │
│                                                      │
│  Ao Sr.(a) Roberto _____                  │
│                                                      │
│  Aptº Nº _____                                  │
│                          vossa Senhoria              │
│  Recebemos o seguinte recado para (V.Sa.)            │
│  We Have received the following message for you      │
│                                                      │
│  de ___ Tânia _____          │
│  from                                                │
└──────────────────────────────────────────────────────┘
```

7 —

X	TELEFONOU / Phoned		ESTEVE AQUI / Was here
X	PEDE PARA TELEFONAR / Asks to phone		VOLTARÁ MAIS TARDE / Will return later
	TELEFONARÁ OUTRA VEZ / Will phone again		PEDE PARA AGUARDAR / Asks to wait

Ela quer jantar com você esta tardinha. O seu número de telefone dela é 325-8719. Ela pede para telefonar.

Recebido por *Sua secretária* data 9-2-87 hora 7:30
Received by   date   hour

F. **Conversa Telefônica.** Complete o diálogo.

Roberto — Alô, quem fala?

Ana — *É a Ana.*

Roberto — Oi, como vai? Você está bem?

Ana — *Sim, tudo bom. E você? Tá bem?*

Roberto — Bem, obrigado. O Eduardo está aí?

Ana — *Não, ele ~~está saído~~ saiu.*

Roberto — Quando ele vai chegar?

Ana — *Eu não ~~estou~~ certa. Você quer deixar recado?*

Roberto — Não, não preciso deixar recado.

Ana — *OK. Tchau. Até a próxima.*

Roberto — Até logo.

G. **Um Telefonema.** Escreva uma conversa telefônica. Sugestões: *A mãe telefona para o filho/ o namorado telefona para a namorada/ o estudante telefona para o professor ...*

A irmã telefona para a irmã dela:

R: Oi, Maria? É a sua irmã aqui! Como vai? Tudo bom? (foi)

M: Oi Rachel, estou feliz de ouvir a sua voz! Como estiveram suas férias?

R: Ótimas! Mas eu tive saudades de você. Você (quisesse) iria gostar de caminhar no Grand Canyon! Estava maravilhoso.

M: Mas quente, não?

R: Sim, precisei de beber muita agua.

foi — perfect past, all done
estava — imperfect past, for describing

III. LENDO E ESCREVENDO:
QUANTO MAIS CEDO...

Leia o anúncio que se segue e responda às perguntas:

QUANTO MAIS CEDO VOCÊ TELEFONAR ANTES DO NATAL MAIS FUNDO VAI TOCAR NO CORAÇÃO.

Muita gente só se lembra de telefonar para os amigos pelo DDI nas vésperas do Natal.

Acontece que nessa época as linhas podem ficar congestionadas e o DDI não completar a ligação com a rapidez de sempre.

Por isso, quem você gosta não pode ficar por último. Use hoje mesmo o DDI para mandar a sua mensagem de Natal.

Se você desconhece o código DDI do país para onde você quer ligar, ou deseja qualquer outra informação sobre ligações internacionais, disque 001081. A telefonista da Embratel está sempre pronta para ajudar você.

Mas faça isso hoje mesmo.

Porque quanto mais cedo você ligar para desejar boas-festas, mais rápido o telefone vai tocar no outro país. E mais fundo sua voz vai falar ao coração.

DDI - Discagem Direta Internacional

EMBRATEL
Empresa do Sistema TELEBRÁS

1. EMBRATEL é Empresa Brasileira de Telecomunicações. O que é D.D.I.?

O que quer dizer?
Direct dial

Discagem Direta Internacional

2. *Complete:* Quanto mais cedo você telefonar antes do Natal...

mais fundo vai tocar no coração.

3. *Complete:* Quando muita gente só se lembra de telefonar para os amigos...

Nas vésperas de Natal, as linhas podem ficar congestionadas.

A mesma pergunta que o número cinco?

4. **Nas vésperas** é
   ⓐ antes do Natal
   b. depois do Natal

5. O que acontece com as linhas nessa época do Natal?

Elas podem ficar congestionadas.

6. **Época** é
   a. dia de Natal
   ⓑ tempo de Natal

7. O que você pode mandar para os seus amigos pelo DDI no Natal?

A sua mensagem de Natal.

8. Para pedir informações sobre ligações internacionais você telefona para o número:

001081

9. A telefonista da EMBRATEL está sempre...

Pronta para ao ajudar você.

10. A expressão **Desejar boas-festas** é
    a. dançar e beber na festa
    ⓑ ter um Bom Natal e Feliz Ano Novo.

O Trânsito é constantemente congestionado

nariz está entupido — clogged

"Só sei que nada sei"

IV. FUTURO COMPOSTO

A. **Atividades para o fim de semana.** Observe os anúncios e escreva dez frases indicando o que você vai fazer no fim de semana.

VIDEO CLUBE **Cineral** LOCADORA

Apresente este anúncio e ganhe **INSCRIÇÃO GRÁTIS!**

OS MELHORES SUCESSOS DO CINEMA

ITAIM: R. Clodomiro Amazonas, 556 – Fone: 881-8151
TATUAPÉ: R. Antônio de Barros, 341 – Fone: 295-1144

BABYLANDIA

apresenta o musical infantil

ROMÃO ♡ E JULINHA

Sáb. 16 h
Dom. 11 h e 15.30 h

Com Silvana Teixeira, Flávio Guarnieri e grande elenco. *Cast*

TEATRO SERGIO CARDOSO
R. Rui Barbosa, 153

GALERIA DE ARTE ANDRÉ

A melhor opção no mercado de arte desde 1959

Portinari	Carlos Scliar
Di Cavalcante	Jorge Mori
Mario Gruber	A. Sendin
Manabu Mabe	Inos Corradin
Tikashi Fukushima	Madiano Tomei
Carybé	Daniel Carranza
Menna Barreto	Iracema Arditi

appraisal

AVALIAÇÃO DE OBJETOS DE ARTE
R. Estados Unidos, 2280 — Fones: 881-6664/881-9697
— ESTACIONAMENTO PRÓPRIO —

Le Masque ®

CAMISAS

Camisas de algodão, poliester, flanela e outros. Social e esporte. Jaquetas e calças jeans.

whole sale

Atacado e varejo *retail*
Estrada do Campo Limpo, 3468 - SP
TEL.: (011) 511-5206

CARINHOSO
Boate e Restaurante Dançante
2 orquestras cozinha internacional.
RUA VISCONDE DE PIRAJÁ, N.º 22
TELS.: 287-3579 E 287-0302

1. Eu vou alugar um vídeo para ver com o meu namorado.

2. Eu vou assistir o musical Romão e Julinha com as minhas crianças.

3. _____

4. Meu marido e eu vamos dirigir à galeria de Arte André para

5. olhar os objetos de arte. Nós vamos trazer um quadro (velho) para

6. pedir o seu valor. → antigo

7. Eu e minha irmã vamos comprar algumas camisas de algodão na

8. loja Le Masque na Estrada do Campo Limpo.

9. Eu, meu namorado, minha irmã e a namorada dela vamos juntos dançar

10. à boate O Carinhoso.
Antes de dançar, nós vamos jantar juntos ao restaurante Benihana para *saborear* cozinha japonesa.

BENIHANA

COZINHA JAPONESA
• Sukiaki-Rodizio • Comida Japonesa Variada
• Frutos do Mar
SUSHI-BAR — ROBATA-YAKI
R. Miguel Isasa, 367 Pinheiros
Fone: 815-6501
estac. p/ período de almoço
R. Cardeal Arco Verde, 2.450

B. **Meus planos para o fim-de-semana.** Escreva sobre as suas atividades para o fim de semana, indicando onde e quando vai fazer alguma coisa. Sugestões: *alugar um carro, beber, ir a um restaurante, domingo à tarde, sábado à noite*, etc.

[resposta manuscrita:]

Este fim de semana, eu estou planejando várias atividades. Sexta-feira, à noite, eu vou com a minha irmã, a namorada dela, e a minha sobrinha (a filha da minha irmã) ao restaurante "Wonder Spice Cafe" em Jamaica Plain para ~~tomar~~ saborear cozinha tailandêsa. Depois, eu vou emprestar o meu carro para minha irmã. Sábado de manhã, eu vou estudar Português! Depois, eu vou andar de bicicleta à minha classe de Português. Sábado à noite, eu vou jantar em um outro restaurante tailandês, o Bangkok City, perto do Symphony Hall, com um amigo velho ~~antigo~~, o irmão de minha amiga de infância. Ele está triste porque está divorciando. Domingo, eu vou pintar o vão das escadas das minhas inquilinas. Depois, à tarde, vou ~~(caminhar)~~ subir o Great Blue Hill com uma amiga nova.

V. LENDO E ESCREVENDO: O FUTURO

A. **O que vai acontecer no futuro?** Leia o horóscopo do Sagitário e responda com <u>sim</u> ou <u>não</u>.

Sagitário
22/11 a 21/12

AMOR — Uma intriga será desfeita facilmente e a paz voltará ao seu coração. Uma conversa franca com a pessoa amada será indispensável.
SAÚDE — Se for possível, diminua um pouco o ritmo de suas atividades sem negligenciar o trabalho rotineiro. Evite emoções que possam prejudicar a saúde.
DINHEIRO — O período é bastante confuso no que se refere aos assuntos relacionados com dinheiro e negócios. Tenha cuidado com os assuntos imobiliários.

1. No amor, Sagitário vai ter problemas. ___não___
2. É indispensável falar com a pessoa amada. ___sim___
3. Saúde. Sagitário não deve trabalhar. ___não___
4. "Prejudicar" quer dizer causar dano. ___sim___
5. Dinheiro. Os assuntos de negócios são claros. ___Não___
6. A palavra "imobiliário" se refere a imóveis. ___sim___
   property   real estate
                Movel = furniture

[anotações manuscritas:]

for - future subjunctive -
  could be

prejudicar- damage, disrupt, impair
dano- damage

assuntos- subjects
negócios- business, deal

B. **O seu futuro.** Imagine que a cartomante lê a sua mão e diz o que vai acontecer:

partner

1. AMOR Seu coração vai continuar a encher ~~Lm~~ *Le* amor. O seu namorado é o parceiro perfeito para você.

2. SAÚDE ~~As~~ *Os* problemas de saúde recentes ~~são~~ estão praticamente acabados. Tenha paciência.

? 3. DINHEIRO Tenha paciência aqui também. O seu investimento imóvel vai pagar ~~saldos~~. imobiliário ou com imóveis *saldo bancario: balance*

4. ESTUDOS Seus estudos vão bem, ~~mais~~ *Mas* você ~~de~~ precisa passar ~~muito~~ *mais* tempo com os livros. *e estudando*

VI. SABER E QUERER

A. **Quem sabe?** Quem você conhece que sabe fazer o seguinte:

→ *subir as escadas*

escalar as montanhas

1. falar italiano   *Jorge sabe falar italiano.*
2. tocar violão   Lourdes sabe tocar violão.
3. jogar tênis   Minhas primas sabem jogar tênis.
4. comprar carros   O meu namorado sabe comprar carros.
5. cozinhar   Lourdes sabe também cozinhar muito bem!
6. fazer pizza   Eu não conheço ninguém que sabe fazer pizza.

not yet
~~Eu não~~ ainda não terminei a pintura.
Sim, eu já

? = their informal language

B. **Quem sabe, sabe!** Nas (suas) profissões o que estas pessoas sabem fazer?

1. os médicos   *Os médicos sabem tratar dos doentes.*

2. o cozinheiro   O cozinheiro sabe cozinhar as comidas.

3. os professores   sabem ensinar informações.

4. as cartomantes   sabem prever o futuro.

5. o veterinário   sabe ter tomar conta dos animais.

6. a telefonista   sabe ligar fazer ligações os telefonemas.

7. o garçom   sabe servir os pratos.

8. o engenheiro   sabe fazer projetar os planos.
   elaborar projetos ou planos

C. **O que você e estas pessoas querem comprar?**

1. eu (televisão)   *Eu quero comprar uma televisão.*

2. Nós (casa)   Nós queremos comprar uma casa.

3. Meus avós (carro)   Meus avós querem comprar um carro.

4. O meu irmão (bicicleta)   Ele o quer comprar uma bicicleta

5. As minhas irmãs (apartamento)   Elas querem comprar um apartamento.

6. O Jorge (bola)   O Jorge quer comprar uma bola.

7. Helena (vestido)   Helena quer comprar um vestido.

8. Vocês (dicionário)   Vocês querem comprar um dicionário

VII. LENDO E ESCREVENDO:
FÉRIAS NO VILLAGE ELDORADO ATIBAIA.

Observe o anúncio e escreva as atividades que as crianças e os pais querem fazer:

Você quer jogar tênis, seus filhos querem nadar na piscina. Você quer tomar uma sauna, seus filhos querem andar a cavalo. Você não quer fazer nada, seus filhos querem fazer tudo. E você pensou que ía tirar férias. Mas, felizmente, existe uma solução para o problema: passar as férias no delicioso Village Eldorado Atibaia, o único com mordomia infantil.

Quer dizer: enquanto você pratica esportes, almoça, assiste um filme ou namora com sua mulher, a equipe de monitores infantis organiza excursões, torneios, teatrinhos, jogos e brincadeiras para seus filhos.

Cada um faz o que quer e se diverte muito mais. E ninguém volta para casa com a sensação de que precisa tirar férias das férias.

Férias no Village Eldorado Atibaia.

Rodovia D. Pedro I, Km 71 - Atibaia - SP

Reservas: (011) 256-8833 - SP - Fora de SP - DDD grátis: (011) 800-8122 ou com seu agente de viagens.

mordomia — perks, comforts

enquanto — while

o torneio — tournament

Qual é a diferencia entre jogos e brincadeiras?
games toys

Pais	Filhos
1. Querem assistir um filme.	1. Querem participar de jogos e brincadeiras.
2. Querem namorar.	2. Querem nadar na piscina.
3. Querem pratica esportes	3. Querem andar a cavalo.
4. Querem almoçar.	4. Querem fazer tudo.
5. Querem fazer nada	5. Querem assitir teatrinhos
6. Querem tomar uma sauna.	6. Querem participar de torneios.

VIII. PODER E ~~VER~~ saber

O que é a diferencia entre o uso de poder e saber neste caso? neste caso?

A. O que estas pessoas podem fazer na (sua) profissão? *(dela)*

1. O professor *pode* dar aulas.

2. Os médicos _____ podem _____ operar.

3. Os dentistas _____ podem _____ tratar dos dentes.

4. A enfermeira _____ pode _____ cuidar das pessoas.

5. A cozinheira _____ pode _____ cozinhar.

6. O engenheiro _____ pode _____ construir casas.

7. As cartomantes _____ podem _____ ver o futuro.

8. O jogador de futebol _____ pode _____ jogar futebol.

poder — able to
saber — know how to

B. **Quem pode, pode!** Responda às perguntas abaixo usando as formas do verbo *poder*.

Quem pode...?

1. (cuidar do jardim) *O meu pai pode cuidar do jardim.*

2. (entender italiano) A minha sobrinha e o meu namorado podem entender italiano.

3. (tocar violão) A minha cunhada pode tocar violão.

4. (ir ao supermercado agora) Eu não posso ir ao supermercado agora, mas eu posso ir mais tarde.

5. (dar uma festa no sábado) Minha irmã pode dar uma festa no sábado.

6. (telefonar para o médico) Eu posso telefonar para o médico.

C. **Eu posso?** Você é estudante jovem e há coisas que é permitido fazer e coisas que é proibido fazer. Escreva quatro coisas que você *pode fazer* e quatro coisas que você *não pode fazer*. Siga o modelo:

SIM	NÃO
1. Eu posso dançar.	1. Eu não posso beber vinho.
2. Eu posso fazer meus deveres.	2. Eu não posso dirigir
3. Eu posso ajudar minha mãe.	3. Eu não posso ir só à mercearia
4. Eu posso vestir-me	4. Eu não posso escrever um livro
5. Eu posso caminhar à escola.	5. Eu não posso comprar uma casa.

D. **O que as pessoas vêem?**

1. Os engenheiros *vêem* edifícios e casas.

2. O garçom ___vê___ comidas gostosas.

3. Os médicos ___vêem___ os pacientes.

4. Os ricos ___vêem___ muito dinheiro.

5. A minha mãe ___vê___ o jogo de futebol.

6. Eu ___vejo___ os meus colegas.

7. Os estudantes ___vêem___ muitas palavras para aprender.

8. O meu pai ___vê___ filmes brasileiros.

E. **Programa de Televisão.** Complete o diálogo com as formas apropriadas do verbo *ver*.

Laura — Eu ___vejo___ televisão todas as noites.

Marcelo — Eu também ___vejo___. Você está ___vendo___ a novela das oito horas?

Laura — Ah! A novela *A Escrava Isaura*, não é? Eu e a minha família

___vemos___ juntos. É uma ótima novela.

Marcelo — Os meus irmãos não gostam de ___ver___ novela. Nos sába-

dos eles ___vêem___ o jogo de futebol.

Laura — Puxa! Eu preciso ir. São oito horas. Eu vou ___ver___ a

minha novela!

IX. POSSESSIVOS

A. **A família do Jorge.** Complete com os possessivos *meu, dela, nossos,* etc.

O ___meu___ nome é Jorge de Sá. Os ___meus___ pais são de Brasília. Nós moramos numa casa perto do centro e a ___nossa___ casa é moderna e confortável. O nome da ___minha___ mãe é Alice. Eu tenho um irmão. O nome ___dele___ é Júlio e ele é engenheiro. Eu também tenho duas irmãs. Os nomes ___delas___ são Amélia e Ana Maria. Elas são estudantes. O meu pai nunca fala sobre a ___sua~~nossa~~___ família e por isso eu não sei nada sobre a família ___dele___. Eu gosto muito do ___meu___ irmão e das ___minhas___ irmãs.

B. **Diálogo.** Os estudos vão bem! Complete os diálogos usando os possessivos.

Gilberto — Oi, Carmem. Como vão os ___seus___ estudos?

Carmem — Os ___meus___ estudos vão bem, mas a ___minha___ aula de português não é muito fácil.

Gilberto — O ___seu___ professor é do Brasil ou de Portugal?

Carmem — Ele é de Portugal. O nome ___dele___ é Francisco de Oliveira. Eu gosto muito dele.

Gilberto — Eu não vou muito bem nos ___meus___ estudos. Tenho muitos problemas com as ___minhas___ aulas de matemática e física.

Carmem — Eu gosto da ___minha___ universidade mas tem muito trabalho para fazer!

PARTE II

I. *FAZER, TRAZER, DIZER*

A. Escreva.

1. Três coisas que você *diz* todos os dias. Use *dizer*.

    a. ***Eu digo "bom dia!"***

    b. Eu digo, "Te amo, meu amor!"

    c. Eu digo, "Oi Crichet! Oi Felicity! Como vão meus gatos?"

2. Três coisas que você *faz* toda semana. Use *fazer*:

    a. Eu faço o café de manhã,

    b. Eu faço meu trabalho,

    c. Eu faço compras.

3. Três coisas que você *traz* para sua casa no fim do dia. Use *trazer*:

    a. Eu trago minha bolsa.

    b. Eu trago minhas chaves.

    c. Eu trago meu correio.

B. **Complete o texto** usando as formas apropriadas de *fazer*, *trazer* e *dizer*:

"DIÁRIO DE FAMÍLIA"

No fim do mês meus pais _____*trazem*_____ (trazer) dinheiro para casa. Meus pais

_____*dizem*_____ (dizer) que não é fácil ganhar dinheiro. Minha mãe ___*traz*___

(trazer) as comidas toda semana e minha irmã _____*faz*_____ (fazer) o jantar todas as noi-

tes. Ele _____*diz*_____ (dizer) que é um trabalho chato. Meus irmãos pequenos

_____*fazem*_____ (fazer) barulho demais e meu tio _____*traz*_____ (trazer) choco-

late para eles. Eu não _____*trago*_____ (trazer) nada para casa, não

_____*faço*_____ (fazer) nada, mas também não _____*digo*_____ (dizer) nada.

Depois do jantar nós vamos para a cama e lemos os livros que ___*trazemos*___ (trazer) para

casa.

II. NO CORREIO

A. **Aprendendo o vocabulário**.

1. Pessoa que entrega as cartas: ___*O carteiro*___

2. Você coloca a carta dentro de uma ___*caixa*___

3. Quando você tem tempo e muitas coisas para escrever, você escreve uma carta. Quando

   você não tem tempo e quer mandar uma notícia breve você envia um *Cartão postal*

4. Quem escreve uma carta é o ___*remetente*___

5. Um número referente a cada cidade e que facilita a chegada da carta é o ___*CEP*___

6. O que você compra no correio e coloca no envelope : ___*o selo*___

7. A pessoa para quem você escreve a carta é o ___*destinatário*___

8. No fim da carta você escreve o seu nome e isto é a sua ___*assinatura*___

Fill in

B. **Escrevendo Cartas!** Preencha o envelope abaixo dando as seguintes informações:

1. O nome da pessoa a quem você vai escrever (*destinatário)*
2. O endereço do destinatário (*rua e número)*
3. (Bairro) cidade e estado
4. O CEP
5. O seu nome (*remetente)*
6. O seu endereço
7. O CEP da sua cidade

Laura
30 Neponset
Ros 02131
USA

😊 44¢

Britt-Mari Barth

3 rue Louis Forest

Louveciennes

FRANCE

9 0 6 3 8

Praia de Copacabana
REMETENTE   Laura
                    30 Neponset
0 2 1 3 1   Ros USA

C. Procurando o endereço.   Escreva o endereço completo e o telefone de três amigos.

Nome_____
Rua_____
CEP_____Cidade_____
Tels.:_____
Nome_____
Rua_____
CEP_____Cidade_____
Tels.:_____
Nome_____
Rua_____
CEP_____Cidade_____
Tels.:_____

D. Um Cartão-Postal Você está visitando a cidade de Campos do Jordão em São Paulo. Escreva um cartão postal para um dos seus amigos. Diga como você está, como é a cidade, e o que você está fazendo.

Cara Britt-Mari,

Com você, eu estou viajando para todos o mundo. Nesta semana, sou em Brasil no sud. Eu não posso descrever a bela beleza e as disparidades entre os ricos e os pobres. Eu viajo com as irmãs do meu marido, que está ficando com os seus pais na hacienda deles perto do Rio. Eu tenho saudades dele, mas estou feliz de conhecer melhor das minhas cunhadas.

Te adoro,

Laura

101-23 — RIO DE JANEIRO — RJ — BRASIL
Vista Aérea, Cristo Redentor, ao fundo,
Baía de Guanabara e Pão de Açúcar
Aerial View — Christ Redeemer, at background,
Guanabara Bay and Sugar Loaf
Fotografia de Aldo Colombo

Colombo Cine Foto Produções Ltda Cara Postal 4753 — Rio de Janeiro — RJ — Brasil — CEP 20.001
Impresso no Brasil por Colombo Indústrias Gráficas Ltda. — Rio de Janeiro — REPRODUÇÃO PROIBIDA

RPC

SELO

E. **Uma Carta**! Escreva uma carta para um amigo ou uma pessoa da sua família.

1. local e data
greeting 2. saudação: *caro amigo, querida Ana*, etc.
3. corpo da carta: *como você vai, o que você está fazendo, onde você está morando, como é a casa*, etc.
closure 4. encerramento: *até logo, um abraço, saudades.*
5. assinatura

_____

_____

_____

_____

_____

_____

_____

_____

_____

_____

_____

_____

_____

_____

_____

_____

_____

_____

_____

_____

III. LENDO E ESCREVENDO:
COLEÇÃO SELOS DO BRASIL

Leia a e complete as frases na próxima página:

TODO MUNDO DEVE DAR COMO BRINDE AQUILO QUE GOSTARIA DE RECEBER COMO PRESENTE.

Ao tocar os relevos do papel o cego participa da evolução do mundo.

Todos os anos, as pessoas correm para comprar o Álbum de Selos dos Correios — quase sempre no finalzinho do ano. Resultado: muita gente fica sem o Álbum.

Este ano vai ser diferente. Os Correios fizeram uma reserva de álbuns para você.

Ele contém todos os selos lançados em 1979 — e isto quer dizer que já vêm valorizados. Este é o primeiro motivo para você reservar o seu.

O segundo motivo está no título do anúncio.

O terceiro motivo é que todo cliente certamente associa o brinde que ganhou à empresa que deu. Aí você leva a vantagem de ser sócio do bom gosto.

O quarto motivo é saber que seu brinde não vai ficar guardado no fundo de uma gaveta qualquer. Ele vai ser curtido.

Quinto motivo: você acaba com a preocupação de escolher brindes todo fim de ano. O Álbum de Selos pode virar uma tradição de sua empresa, sempre bem vinda. É fácil de comprar: é só passar em qualquer agência filatélica dos Correios. Ou reservar desde já o seu.

Agora, se todos esses motivos não bastam para você escolher o Álbum de Selos dos Correios com brinde de fim de ano, aqui vai mais um, definitivo: seu cliente pode estar lendo este anúncio.

Coleção Selos do Brasil

1. Você coloca os selos no _envelope_ .

2. Todos os anos as pessoas _correm para comprar o Álbum dos Selos_ .

3. O que todo mundo deve dar como brinde? _Aquilo que gostaria de receber_ .

4. Este ano o Álbum contém _todos os selos lançados em 1979_

5. Onde está o segundo motivo para você reservar o seu Álbum de Selos dos Correios?

no título do anúncio .

6. Qual é a vantagem que você leva ao comprar este Álbum? _____

de ser sócio de bom gosto. .

7. O seu Álbum não vai ficar _guardado no fundo de uma gaveta_ .

8. Você vai usar e vai gostar de ter o seu Álbum. Isto significa que ele vai

ser curtido .

9. Por que é fácil comprar o Álbum de Selos? _é_ _____

_____

10. Qual é o motivo definitivo para você comprar este Álbum? _____

_____

IV. NÚMEROS, MESES E DATAS

A. **Fazendo compras**. Você foi comprar os itens abaixo e pagou com cheques. Escreva a quantia indicada:

1. um romance de Jorge Amado (Cz$160,00) _____

2. uma fita gravada (Cz$212,00) _____

3. um vídeo gravado (Cz$800,00) _____

4. um rádio-relógio (Cz$198,00) _____

5. um gravador (Cz$1.225,00) _____

6. uma jaqueta jeans (Cz$615,00) _____

7. uma garrafa de vinho (Cz$209,00) _____

8. uma televisão (Cz$678.000,00) _____

9. uma calça de linho (Cz$460,00) _____

10. uma máquina de escrever (Cz$3.999,00) _____

B. **Em que ano?** Escreva os anos correspondentes aos seguintes acontecimentos:

1. Descobrimento do Brasil (1500) _____

2. Nascimento do Super-Homem (1938) _____

3. Independência do Brasil (1822) _____

4. Inauguração de Brasília (1960) _____

5. Caminho das Índias (1498) _____

6. Declaração da Independência dos Estados Unidos (1776) _____

_____

7. Primeiro homem na Lua (1969) _____

8. Descoberta da América (1492) _____

C. **Em que Mês?** Em que mês é o seu aniversário e o aniversário de cinco pessoas da sua família?

1.	Eu	O meu aniversário é em
2.		
3.		
4.		
5.		

D. **Qual é a Data?** Escreva as datas indicadas.

20/12	
1/2	
11/8	
7/4	
23/1	
30/5	
16/6	

E. **Fato Importante**. Indique cinco fatos importantes na sua vida e as respectivas datas.

FATO IMPORTANTE	DATA
1. terminar a escola secundária	
2.	
3.	
4.	
5.	

C. **Feriados e Dias Santos.** Qual é a data dos feriados e dias santos no Brasil?

    1. São Pedro (29/6) *Vinte e nove de junho.*

    2. Nossa Senhora Aparecida (12/10) _____

    3. Dia de Finados (2/11) _____

    4. Proclamação da República (15/11) _____

    5. Independência do Brasil (7/9) _____

    6. Tiradentes (21/4) _____

    7. Dia do Trabalho (1/5) _____

    8. Todos os Santos (1/11) _____

V. LENDO E ESCREVENDO: ACAMPAMENTO PARA CRIANÇAS

Leia e responda às perguntas.

ACAMPAMENTOS PARA CRIANÇAS — TEMPORADA JULHO/87

Acampamento	Localização	Distância de SP (em km)	Informações em SP	Temporada	Faixa Etária	Preço em Cz$
Califórnia	Atibaia	60	R. Diogo de Faria, 79, casa 3, tel. 572-7084, Vila Mariana, zona sul	2 a 11 12 a 19 20/7 a 2/8	4 a 11 4 a 11 12 a 17	4.800 4.200 5.800
Camping Alvorada	Panorama	709	Pça. Sílvio Romero, 113, tel. 293-3166, Tatuapé, zona leste	3 a 18	9 a 15*	15.000
Colônia de Férias Colméia	Araraquara	280	Av. Bentevi, 174-A, tel. 530-5719, Moema, zona sul	4 a 13 14 a 23 24/7 a 2/8	4 a 12	4.500
Fit Camp	Campos do Jordão	170	R. Brito Peixoto, 451, tel. 542-6500, Brooklin, zona sul	1º a 15 15 a 29	6 a 14	11.250
Gurupiá	Serra Negra	146	R. Vieira de Moraes, 1.290, sala 8, tel. 531-1245, Campo Belo, zona sul	1º a 10 11 a 21 22 a 30	5 a 14	5.000
Leões da Montanha (1) (2)	Sorocaba Itapecerica	90 23	Av. Washington Luís, 5.110 loja J, tel. 533-7301, Aeroporto, zona sul	4 a 11 11 a 18 18 a 25 25/7 a 1º/8	4 a 12	6.160
Nosso Recanto	Sapucaí-Mirim	170	R. Antonio de Macedo Soares, 1.661, tel. 542-6160, Campo Belo, zona sul	4 a 14 16 a 26 4 a 14 16 a 26 4 a 26	6 a 7 6 a 7 8 a 11 8 a 11 8 a 11	43 OTNs 43 OTNs 40 OTNs 40 OTNs 75 OTNs
	Agudos	330		4 a 26	11 a 16	75 OTNs

1. Para quando estes acampamentos estão anunciados?

_____

2. Onde fica o Acampamento Califórnia?

_____

3. Qual a distância de S. Paulo ao Acampamento Califórnia?

_____

4. Qual a idade das crianças para o Acampamento FitCamp?

_____

5. Qual o preço do Acampamento Gurupiá?

_____

6. Onde fica o Acampamento Camping Alvorada?

_____

7. Onde você obtém informações sobre a Colônia de Férias Colméia?

_____

8. O acampanamento Leões da Montanha se localiza em dois lugares:

     a. _____

     b. _____

VI. LENDO E ESCREVENDO:
CALENDÁRIO TURÍSTICO

Observe o calendário e responda às perguntas.

JUNHO

TERRITÓRIO NACIONAL, dia 13: Festa de Santo Antônio; dia 24: Festa de São João; dia 29: Festa de São Pedro.

PARÁ

Belém, durante o mês: Boi-bumbá.

CEARÁ

Fortaleza, durante o mês: Dragão do Mar (regata).

PARAÍBA
João Pessoa, durante o mês: Semana do Folclore.

PERNAMBUCO

Recife, dia 29: Procissão Fluvial dos Pescadores do Bairro do Pina.

SERGIPE

Aracaju, dia 1.º: Início das festas juninas.

BAHIA

Itabuna, 1.º domingo: Dia do Cacau.

ESPÍRITO SANTO

Guarapari, dia 29: São Pedro (procissão marítima).

RIO DE JANEIRO

Magé, dia 9: aniversário da cidade; Duque de Caxias, dia 13: Festa do Padroeiro Santo Antônio; São João da Barra, dia 17: aniversário da cidade; Casimiro de Abreu, dia 29: Festa dos Pescadores, em Rio das Ostras; Niterói, dia 29: Festa dos Pescadores, com procissão marítima pela baía de Guanabara.

GUANABARA

Rio de Janeiro, dia 11: aniversário da Batalha Naval do Riachuelo; dia 25: Dia de São Cristóvão, Padroeiro dos Motoristas.

SAO PAULO

Franca, durante o mês: Feira de Calçados e Derivados de Couro.

PARANÁ

Curitiba, durante o mês: Festa do Pinhão.

DISTRITO FEDERAL

Brasília, última semana do mês: Festa dos Estados.

JULHO

PIAUÍ

Floriano, durante o mês: Exposição Agropecuária.

CEARÁ

Crato, durante o mês: Exposição do Centro Nordestino de Animais e Produtos Derivados.

PERNAMBUCO

Petrolina, dias 23/24: Festa dos Vaqueiros; Goiana, dia 26: Festa de N. S.ª do Carmo (bumba-meu-boi, cirandas, pastoris).

ALAGOAS

Paulo Jacinto, durante o mês: Festa da Chita, com escolha da rainha.

BAHIA

Salvador, dia 2: Festa da Independência do Estado; Juazeiro, dia 15: aniversário da cidade; Salvador, dia 25: Festa de São Cristóvão.

RIO DE JANEIRO

Itaguaí, dia 5: aniversário da cidade; Teresópolis, dia 6: aniversário da cidade; Volta Redonda, dia 17: aniversário da cidade; Mangaratiba, dia 26: Festa da Padroeira de Itacuruçá, N. S.ª de Santana; Teresópolis, dia 28: Festa do Menino Jesus, no Distrito de Canoas; Barra do Piraí, durante o mês: Exposição Agropecuária e Industrial Sul-Fluminense.

SAO PAULO

Andradina, durante o mês: Exposição de Orquídeas; Campos do Jordão, durante o mês: Festival de Inverno; Catanduva, durante o mês: Feira Agropecuária e Industrial.

SANTA CATARINA
Blumenau, dia 25: Dia do Colono; Blumenau, durante o mês: Exposição Internacional de Pombos.

RIO GRANDE DO SUL
Garibaldi, 2.ª quinzena: Campeonato Brasileiro de Esqui.

GOIÁS

Formosa, durante o mês: Exposição Regional de Animais.

OBSERVAÇÃO:
Pedimos às Secretarias de Turismo de Estados e Municípios que nos enviem suas programações de festas e eventos para publicação, com antecedência de quatro meses.

1. O que se comemora na Paraíba no mês de junho?

_____

2. Quando é o Dia do Colono em Blumenau, Santa Catarina?

_____

3. Que festa acontece em Brasília na última semana de junho?

_____

4. No calendário há três festas no mês de junho, celebradas em todo o País. Quais são?

_____

5. Quando é o Dia do Cacau em Itabuna?

_____

6. Como e quando se celebra a Festa de Nossa Senhora do Carmo em Pernambuco?

_____

7. Onde e em que mês é a Exposição do Centro Nordestino de Animais e Produtos Derivados?

_____

8. Quando é a Festa de São Cristóvão da Bahia?

_____

9. Quando em Campos do Jordão, S. P., é o Festival de Inverno?

_____

10. Qual é o Santo Padroeiro dos motoristas e quando é a sua festa?

_____

VII. LENDO E ESCREVENDO:
SÃO PAULOS — RAIO-X

Escreva sobre a cidade de São Paulo, usando as informações que parecerem mais interessantes a você, apresentadas em "São Paulo — Raios X".

RAIOS X

Nome: São Paulo

Data de nascimento: 25 de janeiro de 1554

Fundadores: dois jesuítas, Nóbrega e Anchieta

Localização: altos dos campos de Piratininga, local por onde passa o trópico de Capricórnio

Altitude: 800 metros

Signo: Aquário (o signo dos que estão avançados para o seu tempo)

População: 8.490.000 habitantes (município) 12.590.000 habitantes (Grande São Paulo)

Taxa de urbanização: 98,16% (município) 96,78% (Grande São Paulo)

Área territorial: urbana: 899 km²; rural: 610 km²

Crescimento absoluto decenal: 43,31%

Taxa de mortalidade: 7,30%

Taxa de natalidade: 29,13%

Extensão da rede de água: 13.201 km

Extensão da rede de esgotos: 5.480 km

Número de telefones: 1.457.859

Número de favelas: 431

População favelada: 335.344

Cortiços: 5 mil (dados de 1973)

Habitações coletivas: 106 mil

Ruas: 12.504 km

Ruas pavimentadas: 6.800 km

Aeroportos: dois

Agências bancárias: 1.127

Hospitais: 180

Ambulatórios: 799

Pronto-socorros: 120

Centros de saúde: 207

Bibliotecas: 491

Escolas: 2.200 (na Grande São Paulo)

Universidades: três

Galerias de arte: quarenta

Museus: 28

Teatros: cinqüenta

Cinemas: 126

Zoológicos: um oficial e um particular

Estádios: seis

Canais de televisão: seis

Jornais: dezessete

Rádios: 28

Restaurantes: 740 (cadastrados no sindicato da categoria)

Clubes de lazer e esporte: 55

Autódromo: um

Hipódromos: dois

Campos de golfe: sete

Estações ferroviárias: três

Estações rodoviárias: três

Consulados: 47

Indústrias: 25.500

Automóveis: 1.201.438

Camionetas: 451.938

Utilitários: 48.169

Transportes coletivos: 16.121

Transportes de carga: 84.504

Bicicletas e triciclos: 56.301

Outros: 39.504

Rios: Tietê, Pinheiros e Tamanduateí

Outros acidentes geográficos: morro do Jaraguá e serra da Cantareira

Passeios: Represas de Guarapiranga e Billings; Horto Florestal; Parque da Água Branca; Parque da Água Funda; Parque Dom Pedro II; Ibirapuera; Feira das Flores da Ceagesp; Bairro Japonês; Casa do Bandeirante; Interlagos; Butantã; Zoológico; Simba Safari; Planetário.

"SÃO PAULO -- RAIOS-X"

_____

_____

_____

_____

_____

_____

_____

_____

VIII. IR COM PREPOSIÇÕES <u>A</u> E <u>PARA</u>

A. **Aonde?** Indique aonde você e estas pessoas vão. Use _ir para, a, à, ao, aos._

1. O médico _vai ao_ Hospital Santa Helena.

2. Os engenheiros _____escritórios deles.

3. Nós vamos _____ casa dos nossos pais.

4. O padre _____ igreja.

5. Nós _____ ópera.

6. Os estudantes _____ biblioteca.

7. O Manuel Luís _____ Portugal.

8. Eu _____ Cuba.

9. O Sérgio e eu _____ Estados Unidos.

10. Os dentistas _____ consultório deles.

11. A Judy e o Charlie _____ Brasil.

12. Eu vou _____casa.

B. **Viagem pelo Brasil.**   Observe o mapa do Brasil. As pessoas abaixo moram em São Paulo e
vão viajar pelo Brasil. Para onde elas vão e por onde elas vão passar? Faça a contração
de *por* com *o* e *a* quando necessário.

Pessoa	ir para	passando por
1. Meus pais	Salvador	o Espírito Santo
2. Eu	Porto Alegre	Santa Catarina
3. Tia Zilda	Manaus	Goiânia
4. Você e eu	o Maranhão	o Piauí
5. Meu tio	a Paraíba	o Rio de Janeiro
6. Minha irmã	Cuiabá	o Mato Grosso do Sul
7. Meus colegas	Brasília	Minas Gerais
8. A Julie e o Gustavo	Florianópolis	Curitiba
9. A Rachel e eu	Fortaleza	Pernambuco
10. Eu	Natal	Alagoas

1. *Meus pais vão para Salvador, passando pelo Espírito Santo.*

2. _____

3. _____

4. _____

5. _____

6. _____

7. _____

8. _____

9. _____

10. _____

IX. VERBOS IRREGULARES EM -IR

(preferir, sentir, repetir, mentir, servir, dormir)

A. **Coisas de Nós Dois**. Complete com a expressão indicada.

1. Eu _____ e você _____
   (sentir fome)   *(sentir sede)*

2. Eu _____ e você _____
   (preferir vinho)   *(preferir cerveja)*

3. Eu _____ e você _____
   (servir café)   *(servir chá)*

4. Eu _____ e você _____
   (repetir o diálogo)   *(não repetir o diálogo)*

5. Eu _____ e você _____
   (mentir muito)   *(mentir muito mais)*

B. **Entrevista**. Responda às perguntas.

1. O que você sente quando está feliz?

_____

2. O que você serve no café da manhã?

_____

3. O que você prefere comer?

_____

4. O que você repete para os colegas?

_____

5. Você dorme cedo ou tarde?

_____

6. Você mente muito ou pouco?

_____

7. Quem dorme muito na sua família?

_____

8. Quem nunca mente na sua família?

_____

X. LENDO E ESCREVENDO:
AS MANIAS DOS ARTISTAS

José Wilker — É outro que tem mania de roupa. Quando gosta de uma camisa ou calça, compra várias peças de cores diferentes, mas todas do mesmo modelo.

Alcione — A Marrom não toma bebida gelada. Nem mesmo água. E também não fica em ambientes refrigerados. Ela diz que o gelo e o frio prejudicam suas cordas vocais.

Agildo Ribeiro — Esse tem mania de garotão. Vive trocando de automóvel. Por qualquer coisa ele vende o carro que está usando, corre numa agência e compra outro, novinho.

Elba Ramalho — Meia hora antes de iniciar suas apresentações, ela se tranca sozinha no camarim e fica meditando. A cantora diz que isso é o que lhe dá tanta energia.

Todo mundo tem manias. José Wilker tem mania de roupa.

1. Qual é a mania da cantora Alcione?

_____

2. Porque o ator Agildo Ribeiro tem mania de garotão?

_____

3. Qual é a mania da cantora Elba Ramalho?

_____

4. Agora é a sua vez. Escreva um pequeno parágrafo descrevendo a sua mania.

_____

_____

_____

_____

_____

UNIDADE 4

A ÁFRICA DE EXPRESSÃO PORTUGUESA

PARTE I

I. APRESENTAÇÃO — *A África de expressão portuguesa*

A. Escreva duas frases sobre Angola

_____

_____

B. Escreva duas frases sobre Moçambique

_____

_____

C. Escreva duas frases sobre Mana Fefa.

_____

_____

II. HOTEL

A. Complete as seguintes frases:

1. As pessoas que trabalham na portaria do hotel são _____

_____

2. Você guarda o seu carro na _____

3. Você pode pagar a conta do hotel com _____

_____

4. A diária completa inclui _____

_____

5. A pessoa que se hospeda no hotel é o _____

_____

6. Para assegurar um quarto você deve _____

_____

7. A pessoa que limpa o quarto é a _____

8. No hotel tem: televisão, _____

_____

B. **Ficha de Registro de hóspedes**. Preencha a ficha que se segue.

MINISTÉRIO DA INDUSTRIA E COMÉRCIO   **GOVERNO DO ESTADO**
                                       SECRETARIA DE SEGURANÇA PUBLICA

EMBRATUR   fnrh

EMPRESA BRASILEIRA DE TURISMO   FICHA NACIONAL DE REGISTRO DE HÓSPEDES

01 NOME COMPLETO   NAME

02 PROFISSÃO PROFESSION   03 NACIONALIDADE CITIZENSHIP   04 IDADE AGE   05 SEXO SEX   M 0   F 2

06 DOCUMENTO DE IDENTIDADE TRAVEL DOCUMENT

NUMERO   TIPO   ÓRGÃO EXPEDIDOR
NUMBER   DOCUMENT   ISSUING COUNTRY

07 RESIDÊNCIA PERMANENTE   PERMANENT ADDRESS   CIDADE, ESTADO CITY, STATE   PAÍS COUNTRY

08 ULTIMA PROCEDÊNCIA   ARRIVING FROM (CIDADE, PAIS CITY, COUNTRY)   09 PRÓXIMO DESTINO BOUND TO (CIDADE, PAIS CITY, COUNTRY)

FAVOR USAR ESFEROGRÁFICA E LETRA DE FORMA   10 ASSINATURA DO HÓSPEDE GUEST'S SIGNATURE
PLEASE USE BALL POINT AND BLOCK LETTERS

11 ENTRADA   12 SAÍDA   13 ACOMPANHANTES   14 UH N°
DATA   HORA   DATA   HORA   1

15 FNRH   16 REGISTRO   17 PARA USO DA EMBRATUR
                                    CÓDIGO 1   CÓDIGO 3   CÓDIGO 5   CÓDIGO 7
                                    PAIS   PROF   PROCED   DESTINO

C. **Precisamos saber a sua opinião!** Avalie três hotéis que você conhece.

Hotéis	Atendimento			Quarto			Banheiro			Dependências Sociais			Limpeza			Preço		
	Bom	Regular	Ruim	Bom	Regular	Ruim	Bom	Regular	Ruim	Boas	Regulares	Runs	Boa	Regular	Ruim	Caro	Médio	Barato
Nome do Hotel e Cidade																		
Nome do Hotel e Cidade																		
Nome do Hotel e Cidade																		

D. **Quanto é a diária?** Escreva um diálogo entre você e a recepcionista do hotel. Você precisa de um quarto e de todas as informações necessárias.

Recepcionista — _____

Você — _____

Recepcionista — _____

Você — _____

Recepcionista — _____

Você — _____

Recepcionista — _____

Você — _____

E. **Lendo e Escrevendo.** Você vai passar 4 dias inesquecíveis no Village Eldorado Atibaia. Escreva um parágrafo dizendo: quando você vai, com quem você vai, de que você vai e o que você vai fazer lá. Diga também como é o hotel.

_____

_____

_____

_____

_____

_____

_____

_____

_____

III. OS VERBOS <u>PÔR</u>, <u>DAR</u> E <u>VIR</u>

A. **Use o verbo** *pôr* **no presente do indicativo:**

1. *Você põe açúcar no seu café?*

2. Eu nunca _____ gelo no meu vinho.

3. No restaurante nós _____ a salada no pratinho.

4. Os meus irmãos nunca _____ o carro na garagem.

5. Eu chego em casa e _____ os meus livros no quarto.

6. Quem _____ a mesa do jantar?

B. **Use o verbo** *vir* **no presente do indicativo**:

1. *Quem vem almoçar com você hoje?*

2. De onde _____ estas frutas?

3. Para que vocês _____ aqui tão cedo?

4. Por que você _____ à universidade no sábado?

5. De que você e o Paulo _____ para o estádio?

6. Você sabe como eu _____ vestido para as aulas?

C. **Combine os elementos da frase para dar as seguintes informações**:

1. Roberto/vir de carro/todos os dias

Roberto vem de carro todos os dias.

2. Eu/vir sozinho/faculdade

_____

3. Você e Alcides/pôr as chaves/gaveta

_____

4. Meus amigos/vir/dia 10

_____

5. A empregada/pôr a mesa/para o jantar

_____

6. Fim de semana/Norma e Marta/pôr roupa nova

_____

7. Minha mãe/vir jantar aqui

_____

8. Eu e Oscar não/vir/aula

_____

D. **Presentes de aniversário**. Use a forma apropriada do verbo *dar* e o artigo indefinido (*um*, *uma*).

1. *Luiz dá uma caneta.*

2. Seu pai _____ _____ carro.

3. Sua avó _____ _____ dicionário de português.

4. Meus cunhados _____ _____ festa.

5. Eu _____ _____ camisa.

6. Meu tio _____ _____ televisão.

7. Seu melhor amigo _____ _____ livro.

IV. PRONOMES DEMONSTRATIVOS E CONTRAÇÕES

A. **Eu preciso saber**. Sua mãe vai dizer de quem são os objetos que você encontrou num velho armário da sua casa. (Use os demonstrativos: *este*, *aqueles*, *isso*, etc.)

1. *Este guarda-chuva é do seu avô.*

2. _____ bolsa é da sua avó.

3. _____ eu não sei de quem é.

4. _____ também não sei de quem é.

5. _____ sapatos são da tia Amélia.

6. _____ blusas são do tio Lauro.

7. _____ óculos são da vovó.

8. _____ relógio é da Patrícia.

B. **Você gosta disso ou daquilo?**

1. este carro azul/aquele carro verde

   Eu não gosto deste carro azul; eu gosto daquele verde.

2. estas blusas brancas/aquelas blusas verdes

   _____

3. essa comida/aquela comida

   _____

4. este livro/aquele livro

   _____

5. estes pães/aqueles pães

   _____

6. essas laranjas/aquelas laranjas

   _____

7. este sapato/aquela bota

   _____

C. **Onde estas pessoas moram?**

1. *João mora naquela casa.*

2. Pedro (esse condomínio) _____

   _____

3. Meus pais (aquela praça) _____

   _____

4. Iara e Sônia (aquele edifício moderno) _____

   _____

5. Eu e meus irmãos (este bairro) _____

   _____

6. Helena (essa avenida) _____

_____

7. José (este apartamento da esquina) _____

_____

8. Minhas primas (rua perto da praia) _____

_____

D. **Lendo e Escrevendo**

Leia os anúncios abaixo e escreva duas frases sobre cada um deles. Use os pronomes demonstrativos com ou sem contração: *este, deste, neste, esta, desta, nesta, aquele, daquele,* etc.

Boite
VAGÃO PLAZA

Os shows deslumbrantes de Kopenhagen e Amsterdã agora podem ser vistos na noite paulistana, em um ambiente de requinte e sofisticação.

R. Nestor Pestana, 237-Fones: 258-6152 / 259-2985

VEROMOCASSIN

MOCASSINS FEITOS À MÃO, EM NAPA E PELICA. NAS MELHORES BOUTIQUES.

Fone: 222-4272 Rua Rego Freitas, 138

APARTAMENTOS NOS JARDINS PARA TEMPORADA

C 2 dorm., sala, cozinha, área de serviço, garagem. Mobiliado
C TV à cores, geladeira, tel., roupa de cama, mesa e banho.
R. OSCAR FREIRE, 715 · FONE:852·4088

1.

a. *Eu vou ver o show daquela boite.*

b. _____

_____

2.

a. _____

_____

b. _____

_____

3.

a. _____

_____

b. _____

_____

4.

a. _____

_____

b. _____

_____

5.

a. _____

_____

b. _____

_____

V. NÚMEROS ORDINAIS

A. Os meses do ano

Escreva nos espaços os meses e os números ordinais.

1. *Janeiro é o primeiro mês do ano.*

2. _____

3. _____

4. _____

5. _____

6. _____

7. _____

8. _____

9. _____

10. _____

11. _____

12. _____

B. Lendo e Escrevendo

Os Mais Vendidos da Semana

Leia o texto que se segue e responda às perguntas.

OS MAIS VENDIDOS DA SEMANA

	Ficção		Não-Ficção
1º	A Insustentável Leveza do Ser Milan Kundera Nova Fronteira *(1º,13,+)*	**1º**	Assim Morreu Tancredo Antônio Britto e Luís Claudio Cunha LePM *(3º,5,+)*
2º	O Amante Marguerite Duras Nova Fronteira *(2º,13,+)*	**2º**	Brasil Nunca Mais Vários autores Vozes *(1º,12,-)*
3º	Se Houver Amanhã Sidney Sheldon Record *(4º,13,º)*	**3º**	Complexo de Cinderela Collete Dowling Melhoramentos *(2º,13,º)*
4º	A Polaquinha Dalton Trevisan Record *(3º,7,-)*	**4º**	Cem Dias entre o Céu e o Mar Amyr Klink José Olympio *(9º,3,+)*
5º	A Mãe do Freud Luis F. Verissimo LePM *(9º,2,+)*	**5º**	Os Juros Subversivos Joelmir Beting Brasiliense *(7º,9,+)*
6º	Poesia Russa Moderna Vários autores Brasiliense *(5º,5,-)*	**6º**	De Mariazinha a Maria Marta Suplicy Vozes *(4º,13,-)*
7º	Amar se Aprende Amando Carlos Drummond de Andrade Record *(6º,13,-)*	**7º**	E Por Falar em Amor Marina Colasanti Rocco *(5º,13,º)*
8º	A Ponte para o Sempre Richard Bach Record *(8º,13,+)*	**8º**	Síndrome de Peter Pan Dan Kiley Melhoramentos *(6º,13,º)*
9º	Pássaros Feridos Colleen McCullough Difel *(7º,8,º)*	**9º**	A Fantasia Organizada Celso Furtado Paz e Terra *(8º,10,-)*
10º	O Fogo Interior Carlos Castaneda Record *(10º,12,º)*	**10º**	A Trajetória de um Liberal Vera Silva/Lucília Delgado Vozes *(10º,8,º)*

O 1º número entre parênteses indica a posição do livro na semana anterior; o 2º número indica a quantidade de semanas consecutivas que o livro aparece na tabela; o sinal de (+) indica aumento na vendagem; o sinal de (-) indica queda na vendagem; o asterisco indica estabilidade na vendagem; a marca (o) indica a ausência na semana anterior.

Fontes - São Paulo: Armazém Paulista, Art Nouveau, Brasiliense, Capitu, Cultura, Siciliano, Horizonte, Klaxon e Neon. **Rio de Janeiro:** Argumento, Dazibao, Eldorado, Francisco Alves e Tempos Modernos. **Belo Horizonte:** Eldorado, Ouvidor e Pax. **Curitiba:** Livraria Curitiba. **Londrina** (PR): Acadêmica. **Florianópolis:** Catarinense. **Porto Alegre:** Sulina. **Fortaleza:** Ao Livro Técnico. **Recife:** Livro Sete e Nordeste. **Salvador:** Civilização Brasileira e Freitas Kanitz.

1. *Assim Morreu Tancredo* é um livro de ficção?

_____

2. Pelo título você acha que este é um livro triste ou alegre?

_____

3. Qual é o livro de não-ficção mais vendido?

_____

4. Quem é o autor do 7º livro de ficção mais vendido?

_____

5. Qual é o 10º livro de ficção mais vendido?

_____

6. Qual é a editora do 8º livro de não-ficção mais vendido?

_____

7. O que significam os dois primeiros números entre parênteses depois da informação sobre o livro? Ex: (3º, 7)

_____

8. O que significa o sinal de (+)?

_____

9. O que significa o asterisco (*)?

_____

10. Quais os livros de não-ficção que falam dos problemas da mulher na sociedade?

_____

11. Em que lugar está classificado o livro *A Mãe de Freud*?

_____

12. Em que lugar está classificado o livro *A Fantasia Organizada*?

_____

VI. PRETÉRITO IMPERFEITO

A. **Eu não faço mais!** Antigamente a gente fazia certas coisas que agora não faz mais. Escreva sobre estas coisas.

1. Maria (comer pizza)   *Maria comia pizza mas agora não come mais.*

2. João (beber cerveja) _____

3. Os meus irmãos (assistir novela) _____

_____

4. Os meus pais (dançar nas festas) _____

_____

5. Eu e minha irmã (correr) _____

_____

6. O professor (dar boas notas) _____

_____

7. Eu (fumar) _____

B. **O que você estava fazendo?** Observe a agenda da Maria Luiza. O que ela estava fazendo ontem a essas horas?

8:00 hs (beber café) Às 8 hs ela estava bebendo café.
9:00 hs (correr)
10:00 hs (ler o jornal)
11:00 hs (preparar o almoço)
12:00 hs (almoçar)
1:00 h (telefonar para o Luiz)
2:00 hs (escrever cartas)
3:00 hs (tomar banho)
4:00 hs (conversar com a vizinha)
5:00 hs (cozinhar)

6:00 hs (jantar)
7:00 hs (lavar a roupa)
8:00 hs (estudar a lição)
9:00 hs (assistir tv)
10:00 hs (dormir)

C. **O que estas pessoas faziam na sua profissão?** Estas pessoas não trabalham mais, porque estão aposentadas (retired). Mas, o que elas faziam quando trabalhavam?

    1. Luiz Azevedo — professor _____

    2. Rosa Almeida — enfermeira _____

    3. Jorge de Oliveira — veterinário _____

    4. Antônio Gentil — poeta _____

    5. Regina Garcia — psiquiatra _____

    6. Isabel Araújo — secretária _____

    7. Lauro Sá — sapateiro _____

    8. Ana Gonçalves — advogada _____

    9. Sílvio Azevedo — professor _____

D. **Era uma vez**... Preencha os espaços em branco da história do "Chapeuzinho Vermelho" com os verbos *chamar, ser, ir, morar, viver, gostar, passar, ter, dizer, preocupar, levar, sair.*

Era uma vez uma menina que se _____ Chapeuzinho Vermelho. Ela

_____ muito boazinha e todas as manhãs ela _____ comida

para a sua vovó que _____ na floresta. Também _____ na

floresta um lobo muito mau. O Lobo Mau _____ de comer as pessoas indefesas

que _____ pela floresta. Ele _____ os olhos e o nariz grandes e

uma boca enorme! Os pais de Chapeuzinho Vermelho sempre _____ "Minha filha,

cuidado com o lobo da floresta!" Chapeuzinho Vermelho não se _____ muito e

_____ andando pela floresta contente da vida! E o resto da história você já sabe,

não é?

E. **Escolha um dos tópicos abaixo para escrever um parágrafo:**

1) O meu primeiro amor (nome, idade, como era, onde se encontravam, o que gostava de fazer)
2) O meu primeiro carro (cor, ano, tamanho, marca, modelo, outras características)

_____

_____

_____

_____

_____

_____

_____

_____

_____

_____

F. **Os meus anos de adolescência**. Descreva num parágrafo a sua vida durante a escola
secundária. Sugestões: *onde morava, onde estudava, com quem morava, como eram os
seus pais, o que você tinha ou não, quem eram os seus amigos, como você passava os fins
de semana, com quem você namorava, qual era o seu lugar favorito,* etc.

_____

_____

_____

_____

_____

_____

_____

_____

_____

_____

VII. *LENDO E ESCREVENDO: "SUPERMUDANÇAS"*

Supermudanças: A revista em quadrinhos *Superhomem* não é a mesma. O nosso herói
mudou, a sua identidade secreta (Clark Kent) está diferente e até a sua eterna namorada
(Miriam Lane) agora é famosa. Leia e responda às perguntas.

Supermudanças

Antigo: um "homem de aço" indestrutível, dotado de visão de raio X, supersopro, capaz de voar e mudar, sem esforço, o curso dos rios, não sente medo; é público que esconde outra identidade, mas ninguém sabe qual é; não tem atividade sexual conhecida;

Novo: continua indestrutível, mas é mais humano e menos super; novos inimigos ameaçam sua vida; ele sua, cansa, erra e, algumas vezes, sente medo; o visual é o mesmo, só a capa é mais comprida; sua outra identidade permanece secreta; mantém a abstinência sexual.

Clark Kent

Antigo: um tímido, atrapalhado e delicado repórter.
Novo: um colunista de sucesso, talvez até um escritor *best-seller.*

Miriam Lane

Antiga: uma repórter de assuntos menores, apaixonada pelo Super-Homem;
Nova: ainda apaixonada pelo Super-Homem, é uma estrela do jornalismo.

1. Antigamente, que tipo de repórter era Clark Kent?

_____

2. Como ele é agora?

_____

3. Como Miriam Lane era antigamente?

_____

4. Como ela é agora?

_____

5. Como era o Superhomem antigamente?

    a) Não sentia medo.

    b) _____

    c) _____

    d) _____

    e) _____

6. Como ele é agora?

    a) Ele é mais humano.

    b) _____

    c) _____

    d) _____

    e) _____

7. Como é nova a capa do Superhomem?

_____

8. A sua outra identidade vai ser descoberta?

_____

PARTE II

I. PRETÉRITO IMPERFEITO

A. Preencha os espaços em branco com o imperfeito do indicativo dos verbos em parênteses.

A minha cidade

Minha cidade era pequena, de ruas *estreitas* e casas coloniais unidinhas   *narrow*

umas às outras para se defenderem do tempo e da velhice, como

_____(dizer) o meu velho tio Teophilo. "Antigamente se

_____ (escrever) Teophilo com 'ph', hoje é com 'f' (Teófilo).

Estão simplificando tudo", _____ (observar) ele. Mas Riban-

ceira, a minha cidadezinha, _____ (resistir) às simplificações.

Construída na margem mais alta do rio Pirapora, Ribanceira

_____ (ficar) sentada lá em cima, como um castelo, protegendo o

rio, os morros e sua própria memória. Quando o sol _____ (nas-

cer) no meio das águas do rio tudo se _____ (pintar) de ouro.

Vagarosamente a cidade se _____ (acordar) com o *sino* da igreja   *slowly; bell*

e o *canto do galo*. A *névoa* que _____ (subir) do rio   *cock's crowing; mist*

_____ (cobrir) as ruas com um ar de mistério e os *fantasmas* da noite   *ghosts*

_____ (ir) aos poucos desaparecendo. Ribanceira não era

uma cidade cansada, mas nas suas ruas de 200 anos _____ (haver)

muita certeza de que não vale a pena correr o tempo todo. Por isso ela

_____ (dormir) até tarde, segurando os fantasmas, até que o sol

_____ (romper) a névoa e _____ (trazer) um novo dia para

fazer história. No meio da cidade _____ (estar) a Praça do

Marquês. As *lendas* antigas _____ (dizer) que um tal marquês, não se sabe de onde, _____ (gostar) tanto dos ares *soberanos* de Ribanceira que _____ (vir) constantemente para a pequena cidade. Como um *rei no trono*, ele se _____ (sentar) na pracinha humilde lendo livros misteriosos, enquanto _____ (contemplar) o rio lá embaixo e o horizonte na distância. Para nós a praça não tinha mistérios. Aí as crianças _____(brincar), _____ (correr) e _____ (gritar), os jovens _____ (namorar) e os adultos _____ (discutir) coisas que só eles _____ (entender). Nas noites de frio, Ribanceira se _____ (calar) enquanto nós nos _____ (sentar) em volta de uma *fogueira* e _____ (ouvir) do tio Teophilo as velhas histórias de *antepassados* e lendas locais.

marquis; legends

sovereign

king on his throne

fire

ancestors

Ribanceira _____ (ser) a mais velha de todas as personagens deste mundo maravilhoso de contos e a única que ainda _____ (existir) intacta. Por isso nós _____ (acreditar) em todas as lendas e a memória da cidade _____ ,(sobreviver) resistindo ao tempo e às simplificações.

B. Preencha os espaços na leitura que se segue com as formas dos verbos *ser, ter, vir, pôr* **e** *ir*.

Quando eu _____ criança, eu _____ um cachorro que se chamava Barão. Todas as manhãs eu _____ comida para ele. Quando eu estava no meu quarto estudando a minha lição, o Barão _____ e ficava dormindo na minha cama. Depois da escola, Barão e eu _____ brincar no quintal. Nós _____ inseparáveis! Ainda hoje eu penso nele.

C. **Complete o texto usando o imperfeito dos verbos indicados**: *encher, ser, acontecer, quebrar, estar, ouvir, sentir.*

Eu sonhei que a noite _____ linda. A lua cheia entre as nuvens

_____ de prata a areia da praia deserta, onde as ondas se

_____ suavemente. Eu não _____ nada mais além do

sussurro das águas e _____ muita paz. Tudo isso _____

quando eu vi um buquê de rosas vermelhas nas ondas brancas. Mais tarde, quando

cheguei ao trabalho, ali _____ as rosas na minha mesa.

D. **Agora é a sua vez de contar um sonho que você teve.**

Eu sonhei que _____

_____

_____

_____

_____

_____

_____

_____

_____

_____

_____

_____

_____

II. LENDO E ESCREVENDO: "RUAS DA INFÂNCIA"

Leia o texto abaixo e depois responda às perguntas.

A professora **dizia** que a rua **tinha** aquele nome em *homenagem* a um grande homem, digno de ser imitado. Nós a **ouvíamos** *meio duvidosos*. Para nós, a rua **era** do *pipoqueiro*, do *sorveteiro*, do vendedor de *algodão* doce, do velho *contador de histórias*. De alguém que nos *significasse* muito, **era** o nome da rua. A praça não **tinha** nome, **era** da *molecada* toda. No futebol a coisa **mudava**: *Rua-de-baixo versus Rua-de-cima*. As *peladas* **eram** na praça atrás da igreja velha. Quando uma das *turmas* **perdia** na bola, tinha de ganhar *no braço*. Nossas ruas se **movimentavam**. Pais **corriam** atrás de filhos, irmãos mais velhos se *doíam* pelos menores e *compravam* a briga, uma *bagunça*!

> *honor*
> *rather doubtfully;popcorn man; the ice cream man; cotton candy*
> *story-teller; would mean*
>
> *gang of boys*
> *(upper street vs. lower street); games; teams had to win wrestling felt sorry for bought into the fight; mess*

Minha rua **era** a de baixo. Casas velhas, sem pintura, algumas sem *reboco*. Cidadezinha que não coube no mapa, mas que *transborda* no meu coração.

> *plaster; didn't overflows*

Depois da Rua-de-baixo, a cidade **se acabava** e o rio **nascia**. No rio **nadávamos**, **pescávamos**. Para aprender a nadar bem, **comíamos** peixinhos vivos. Quando **matavam** porco, **púnhamos** restos de *barrigada* num *balaio* e os peixes **vinham** comer. Um dia um *cágado entrou* no balaio e foi o nosso *maior* dia. *Desfilamos* com ele por todas as ruas. Depois *passou a novidade* e ele passou a morar só em nossa rua, uma semana em cada casa, até morrer.

> *swim; fish*
>
> *tripe; basket tortoise entered greatest; we paraded the novelty passed*

Tínhamos, na Rua-de-baixo, um *cineminha* de *recortes de jornais* colados num *pano fino*. Um menino **ficava** atrás correndo a *vela*, os outros **assistiam**. **Tínhamos** o circuinho, e os rouges e *bâtons* das irmãs não **duravam**. Os meninos **eram** *palhaços* e as meninas, *vedetes*. Um **ficava** na porta recolhendo os *ingressos*: um *gibi* já *lido*.

> *play movie theater news clips; thin cloth candle; little circus lipstick clowns; chorus girls tickets; comic book; read*

Depois a gente *cresceu* e **ficava** feio brincar *de esconder*, *jogar bolinha de vidro na toca*, fazer *açudinho* com água de chuva, nadar *pelado*. Já se **falava** em namoradas.

> *grew up; hide-and-seek; lag marbles; little dam naked*

O tempo passou, a *turma se dissolveu*. Caminho por movimentadas ruas de uma cidade grande, mas levo comigo as ruas da infância. Me *disseram* que estão cheias de *buracos*, *viraram pastos*, as casas estão *caindo de velhas*. Mentiras, feias são minhas ruas de hoje, tristes ruas de adultos, sem mistério ou esperança.

the gang split up
they told me; potholes
became pastures; falling
down from age

—Elias José, *O Tempo, Camila* (Belo Horizonte, 1971), 119-20.

A. Perguntas

1. Onde nascia o rio?

_____

2. O que os meninos faziam no rio?

_____

3. O que aconteceu um dia?

_____

4. Como funcionava o cineminha de recortes de jornal?

_____

5. Onde os meninos conseguiam bâtons para se fantasiarem de palhaços?

_____

6. Qual era o preço de ingresso para o cirquinho?

_____

7. Porque ficou feio brincar de esconder?

_____

8. O autor prefere as ruas de hoje ou as da infância?

_____

9. Como estão as ruas da aldeia agora, segundo dizem?

_____

B. **A rua da minha infância.** Escreva um parágrafo sobre a rua da sua infância (nome, como era, tipo que pessoas que moravam lá, etc).

_____

_____

_____

_____

_____

_____

_____

_____

_____

_____

_____

III. VERBOS SAIR, CAIR, SORRIR, PERDER, LER, E RIR

A. **Coisas que acontecem.**

1. meus pais — ler o jornal   *Os meus pais lêem o jornal de manhã.*

2. eu — sair para a faculdade _____

_____

3. Pedro — perder o ônibus _____

_____

4. João — ler revistas _____

_____

5. meus amigos — rir de mim _____

_____

6. Tereza — cair ao sair da piscina _____

_____

7. Eu — sorrir para os meus amigos _____

_____

B. **A rotina do meu dia**. Complete o texto usando os verbos *sair, perder, pôr, vir, sorrir* e *ler* no presente do indicativo.

De manhã muito cedo eu _____ de casa e vou tomar o ônibus na esquina. Eu

nunca _____ o ônibus porque estou sempre na hora certa. Quando eu chego na

faculdade eu _____ os meus livros na carteira e espero pelo professor. Ele

_____ sempre um pouco tarde. Ele _____ e diz: "Muito bem!

Vamos começar". Então nós _____ o diálogo da lição. Isto acontece todos os dias.

C. **Rotinas do passado**. Reescreva o texto acima, "A rotina do meu dia", usando os verbos no imperfeito.

_____

_____

_____

_____

_____

_____

_____

_____

IV. ADVÉRBIOS

A. **Onde nós moramos?** Escreva nos espaços os advérbios *aqui, aí, ali, lá, longe, perto.*

    1. Eu não moro *ali.*

    2. Meus pais residem _____.

    3. A professora não está residindo_____.

    4. A minha avó não vai ficar _____.

    5. Papai está vivendo _____.

    6. Meu melhor amigo vai morar _____.

B. **Quando você ...?** Responda às perguntas abaixo usando os advérbios *às vezes, nunca, antes, depois, sempre, tarde, cedo, hoje, amanhã.*

    1. Quando você tem aula de português?

       Eu tenho aula de português amanhã às 10:00 hs.

    2. Quando você paga a conta do telefone? _____

    _____

    3. Quando você quer casar? _____

    _____

    4. Quando você acorda? _____

    _____

    5. Quando você tem exames de português? _____

    _____

    6. Quando você vai ao dentista? _____

    _____

    7. Quando você quer visitar o Brasil? _____

    _____

8. Quando você recebe a visita dos seus pais? _____

_____

C. **Complete esta carta para a Patrícia, usando os advérbios** *aí, perto, ao lado de, cá, agora, lá, muito, cedo, frente.*

Cara amiga Patrícia:

_____ no Rio o tempo está ótimo. Estou no hotel Praia do Sol, um hotel

pequeno mas _____ confortável, que fica _____ da Praia de

Ipanema. Em _____ do hotel há um grande shopping e é

_____ que faço compras. _____ do hotel há uma galeria

e um teatro. Amanhã vou acordar _____ para visitar os pontos turísticos da

cidade. E como vão as coisas por _____? Escreva _____ pois

eu quero saber o que está acontecendo na nossa cidade. Você precisa vir para

_____ e ver como o Rio é bonito.

Abraços,

Tomás

D. **Lendo e Escrevendo**. A companhia de turismo quer saber como você viaja. Marque a resposta apropriada na tabela que se segue:

1. Com que freqüência você costuma viajar:		Sempre	Às vezes	Nunca
de	automóvel	☐	☐	☐ 1
	ônibus	☐	☐	☐ 2
	caminhão	☐	☐	☐ 3
	avião	☐	☐	☐ 4
	moto	☐	☐	☐ 5
	trem	☐	☐	☐ 6
	carona	☐	☐	☐ 7
	sozinho	☐	☐	☐ 8
	com familiares	☐	☐	☐ 9
	com outras pessoas	☐	☐	☐ 10
para	cidades do seu Estado	☐	☐	☐ 11
	cidades de outros Estados	☐	☐	☐ 12
	fora do país	☐	☐	☐ 13

V. GÊNERO: CASOS ESPECIAIS

A. **Masculino ou feminino?** Complete os espaços em branco com os artigos o, a.

1. _____ clima deste país é agradável. *O clima deste país é agradável.*

2. Agora eu vou para _____ cinema.

3. _____ dia 4 de julho é feriado.

4. Eu pago _____ telefonema.

5. O Paulo é _____ dentista da família.

6. Minha irmã é _____ cientista mais famosa do Brasil.

7. Sempre recebo _____ telegrama no meu aniversário.

8. Eu visitei _____ tribo dos índios Carajás.

B. **Características.** Faça frases com as seguintes palavras usando os artigos indefinidos um, uma, uns, unas:

1. Eu/imigrante japonês. *Eu sou um imigrante japonês.*

2. O Mário e o João/indivíduos antipáticos. _____

_____

3. A Rachel /estudante séria. _____

4. O Paulo/bom jornalista. _____

5. O "Jornal Nacional"/programa de notícias. _____

_____

6. Os meus sobrinhos/crianças educadas. _____

_____

7. Meu pai/ótima pessoa. _____

8. O amor/tema muito comum nas novelas. _____

_____

C. **Formatura**. Use o artigo indefinido nos espaços em branco.

Na minha formatura eu recebi _____ telegrama da vovó Berta e _____ telefonema dos meus

tios que estão na Europa. Houve _____ festa na casa dos meus pais. Recebi de presente

_____ mapa do Brasil, _____ pijama de seda e _____ moto. Meu pai é _____ pessoa legal

e organizou _____ programa especial para mim. _____ sistema de celebrar formatura assim

é muito bom, não é?

VI. *LENDO E ESCREVENDO: A CULTURA NEGRA NO BRASIL*

A cultura brasileira é fruto da *soma* de contribuições das três raças   *sum*
que iniciaram a formação étnica do Brasil: a indígena, a branca e a
negra. Dos negros recebeu uma enorme quantidade de palavras,
costumes, tradições, técnicas de trabalho e crenças. Entre estas
contribuições, que influenciaram profundamente a formação da
cultura brasileira, destaca-se o folclore que introduz a música, a
culinária, danças e lendas. Os representantes desta raça provêm
muitas vezes da *nobreza* de suas tribos de origem ou de *valentes*   *nobility*
guerreiros vencidos na luta. No Brasil entraram como uma raça   *valient warriors*
escravizada ao trabalho *servil*, tratados como objetos e não como   *servile*
seres humanos. Foram forçados ao trabalho da *lavoura*, dos   *field work*
engenhos de cana-de-açúcar, das fazendas de criação de gado,   *mills*
das minas de ouro e, mais tarde, dos *cafezais*. Apesar do trata-   *coffee fields*
mento que receberam, eles generosamente ofereceram seus valo-
res culturais.

Os negros resistiram bravamente à escravidão. Assassinavam *fei-*
tores e proprietários, evitavam a reprodução e até mesmo se suici-   *overseers*
davam. Quando era possível, fugiam para o interior, criando *qui-*
lombos, numa tentativa de reproduzir no Brasil um estado africano.   *slave state*
O mais famoso destes quilombos, Palmares, resistiu a ataques
portugueses por mais de cem anos durante o século XVII. Acima
de tudo, os negros se refugiavam em seus cultos religiosos onde
encontravam um tipo de liberdade e afirmação de suas raízes.
Uma das formas mais praticadas para escaparem do sofrimento
era o *batuque*, a dança e o canto. Enfim, tentavam por todos os   *a kind of hoedown*
meios possíveis, reconstituir a vida africana no Brasil. Incapazes
de alcançar a liberdade, eles preservaram valores culturais que vão
ser definitivamente incorporados à cultura da colônia. Conse-
guem, contudo, se adaptar às duras condições de sua existência e
sobrevivem a todas as formas de humilhação. Os seus valores tra-
dicionais hoje se encontram *misturados* com os das raças indí-   *mixed*

gena e branca. Juntas elas dão ao Brasil uma rica variedade cultural de características culturais únicas.

A.   Complete as informações que seguem:

1. A cultura brasileira é o fruto da _____

_____

2. Dos negros, a cultura brasileira recebeu :

a.   uma enorme quantidade de palavras.

b. _____

c. _____

d. _____

e. _____

3. A contribuição africana ao folclore brasileiro se faz presente:

a. na música

b _____

c. _____

4. Antes de ser escravos muitos africanos foram da nobreza da sua tribo e _____

_____

5. Outra expressão para trabalho escravo é _____

6. Onde os escravos africanos trabalharam?

a. na lavoura

b. _____

c. _____

d. _____

7. Dê duas formas de como o negro resistiu à escravidão:

a. _____

b. _____

8. Nos seus cultos religiosos os negros encontravam

_____

9. Os valores culturais africanos foram preservados e _____

da colônia.

10. A palavra "miscegenados" significa

_____

B. **Faça uma pequena redação sobre a contribuição do negro à sociedade brasileira. Inclua no seu texto o seguinte vocabulário:** folclore, tradições, cultos religiosos, incorporados, contribuição, valores culturais, costumes, quilombo, engenho de cana-de-açúcar, lendas.

_____

_____

_____

_____

_____

_____

_____

_____

_____

_____

_____

_____

_____

_____

_____

_____

_____

VII. PRETÉRITO PERFEITO

A. Um dia na minha vida Complete o texto abaixo com o pretérito dos verbos *preparar, lavar, levantar, falar, chamar, chegar, conversar, tomar, descansar, ler, ficar, estudar, ligar, almoçar, telefonar, jantar, voltar.*

Eu *acordei* muito cedo mas só _____ da cama mais tarde. _____

pensando nas coisas que eu tinha para fazer durante o dia. Eu _____ banho e

_____ o café da manhã. Depois eu _____ o meu carro. Eu

_____ o rádio para ouvir um pouco de música. Ao meio dia eu

_____. Depois do almoço eu _____ um pouco. Então eu

_____ o jornal para saber as notícias do dia. De tarde o Eduardo e eu

_____ juntos para o teste de história. Às 7 horas da noite os meus pais

_____. Nós _____ sobre a nossa viagem à Europa. Às oito e meia

eu _____ no Restaurante Boa Boca. Eu _____ lá até às 10:15 hs.

Depois eu _____ para casa e antes de dormir eu _____ para o Raul e nós

_____ até tarde.

B. Os Preparativos do Jantar A empregada já preparou o jantar?

1. (cortar as laranjas)   *Ela já cortou as laranjas.*

2. (temperar a carne) _____

3. (passar manteiga no pão)   _____

4. (preparar o feijão)   _____

5. (cozinhar o arroz) _____

6. (colocar o pão no forno) _____

7. (limpar os camarões) _____

8. (lavar as frutas para a salada) _____

_____

9. (fritar os ovos) _____

10. (botar o sal no feijão) _____

C. **A Minha Agenda de Ontem**. Complete a agenda que abaixo usando o verbo no pretérito perfeito.

Ex: 5:00 hs. (praticar piano) *Às 5:00 hs eu pratiquei piano.*

```
6:00 hs (brincar com os vizinhos)_____

_____

7:00 hs (ligar para os meus pais) _____

_____

8:00 hs (jogar basquete) _____

_____

9:00 hs (dançar na boate) _____

_____

10:00 hs (encontrar o Pedro) _____

_____

11:00 hs (chegar em casa) _____

_____
```

D. **Biografia**. Escreva uma pequena biografia do conhecido escritor brasileiro, Jorge Amado. Siga o seguinte roteiro:

NOME: Jorge Amado
PROFISSÃO: Escritor
ESTADO CIVIL: Casado
1931: Estuda na Faculdade de Direito na Bahia.
    Publica seu primeiro romance *O País do Carnaval.*
1933: Casa com Matilde
1937: Publica *Capitães de Areia*
1941: Mora na Argentina
1945: Casa com Zélia Gattai
1948: Muda-se para Paris
1951: Ganha o Prêmio Literário Stalin em Moscou
1956: Volta ao Brasil
1958: Publica o seu livro mais conhecido — *Gabriela Cravo e Canela*

Jorge Amado é escritor. Ele _____

_____

_____

_____

_____

_____

_____

_____

_____

_____

_____

VIII. VERBOS COM PREPOSIÇÕES E PRONOMES

A. **Eu estou triste!** Dê as razões porque você está triste.

    1. Paulo não gosta.   *O Paulo não gosta de mim*!

    2. Papai não vai telefonar. _____

    3. Tereza não sonha mais. _____

    4. Joana não quer esperar. _____

    5. Meus pais não querem acreditar. _____

    6. A minha professora não se lembra. _____

    7. O João não falou. _____

B. **Nós estamos alegres!** Dê as razões porque nós estamos alegres.

    1. Renata pensa.   *A Renata pensa em nós*.

    2. Meus pais vão. _____

    3. Papai vai dar um carro. _____

4. A professora se lembra. _____

5. Roberto está esperando. _____

6. O presidente quer falar. _____

7. Mário vai telefonar. _____

C. **Conversa entre amigos**. Complete os diálogos usando os pronomes *mim, nós, ele, ela, conosco, comigo, contigo,* etc.

    — Você se lembra do Dr. Ferreira?

    — _____

    — O Paulo vai ao cinema com você?

    — _____

    — Em quem você está pensando?

    — _____

    — Quem vem falar com você e o Paulo?

    — _____

    — Para quem você está olhando?

    — _____

    — Quem o Roberto está namorando?

    — _____

    — De quem os seus pais gostam mais?

    — _____

    — Quando a Maria vai telefonar para você?

    — _____

    — Onde Tereza vai esperar por você?

    — _____

    — O que o seu pai vai dar a você?

    — _____

IX. EXPRESSÕES INTERROGATIVAS

Complete os minidiálogos abaixo com *hein, 'viu, tá, não ...,né.*

1.   — Você quer ir comigo ao cinema, *não quer?*

       — Não posso, 'viu! Estou muito ocupado.

2.   — Eu vou mandar um cartão postal pra você, _____?

       — Muito obrigado. Estou esperando, _____.

3.   — Você sabe tudo para o exame, _____?

       — Não é verdade. Ainda tenho muito para ler, _____!

4.   — Eu telefono mais tarde, _____?

       — Tá bem. Mas eu vou pra cama cedo, _____!

5.   — Esta blusa é linda, _____?

       — É, sim. E vou dar uma pra você, _____?

X. LENDO E ESCREVENDO. Entrevista: "Um dia na vida do escravo Manico"

Repórter	— Como é seu nome?
Manico	— Meu nome é Manico.
Repórter	— Quando você chegou ao Brasil?
Manico	— Eu cheguei em 1632.
Repórter	— De onde você é?
Manico	— Eu sou de Angola.
Repórter	— O que você pode falar do seu trabalho?
Manico	— Eu sou escravo e trabalho num engenho. De manhã muito cedo eu saio para o campo para cortar a cana de açúcar. Trabalho o dia todo e só volto de noite.
Repórter	— E à noite, o que você faz?
Manico	— À noite converso com os outros escravos. Nós falamos dos acontecimentos do dia e relembramos a nossa terra e nossos familiares com muita saudade. Também cantamos e dançamos nos momentos livres.
Repórter	— Como você se sente?
Manico	— Quero ser livre. Na minha terra eu não trabalhava para ninguém. Aqui a vida é dura e sonho em voltar para Angola.

Com base na entrevista acima, escreva uma pequena redação sobre um dia na vida do Manico.

Manico é de Angola. Ele chegou _____

_____

_____

_____

_____

_____

_____

_____

_____

_____

_____

_____

_____

_____

_____

_____

_____

UNIDADE 5

TODOS SOMOS BRASILEIROS

PARTE I

I. APRESENTAÇÃO: — *TODOS SOMOS BRASILEIROS*

A. **Complete com palavras do texto:**

O Brasil tem _____ regiões: a região _____, a região Sudeste, a

região _____, a região Centro-Oeste e a região _____. O Estado do

Amazonas fica na região _____. Esta região se caracteriza pelas

_____, grandes _____ e muitos índios. _____ e

_____ são dois estados da região Nordeste. A _____ do Brasil é

Brasília. Paraná e Rio Grande do Sul são dois estados da região _____.

B. **Escreva no espaço abaixo o que você aprendeu sobre o Brasil em** *Travessia*.

_____

_____

_____

_____

_____

_____

II. VAMOS NOS COMUNICAR: PSIU! TÁXI!

A. **Escreva a palavra ou expressão apropriada**:

1. Dois transportes urbanos são _____ e _____ .

2. A _____ do ônibus custa vinte cruzados.

3. Vou _____ o metrô na Estação Ana Rosa.

4. O _____ do táxi é muito simpático.

5. A _____ do ônibus fica ali na esquina.

6. O Teatro Municipal fica _____ da Praça Tiradentes.

7. O senhor _____ onde fica o Hotel Raio de Sol?

8. Você _____ direto e depois dobra _____ .

9. Motorista, eu quero _____ ao lado da Farmácia Santa Cruz.

10. Obedeça o sinal de _____ para evitar acidentes.

11. Você vai _____ e depois dobra _____ .

B. **Complete os diálogos**:

1. Psiu! Táxi!

Você   — _____

Motorista   — Sim. Pois não.

Você   — _____

Motorista   — Para o Centro? Onde o senhor quer saltar?

Você   — _____

Motorista   — Bem, chegamos. Aqui é o Hotel Glória.

Você   — _____

Motorista   — Deixe eu ver a tabela. Vinte e dois cruzados.

Você   — _____

2. Ônibus errado!

Você   — Este ônibus passa pelo centro da cidade?

Chofer   — _____

Você   — Onde eu vou pegar o 236? Aqui?

Chofer   — _____

Você   — Ah, não é longe o ponto do ônibus? Como vou até lá?

Chofer   — _____

Você   — Entendi. Sigo esta rua até chegar à Avenida São João.
       E depois?

Chofer   — _____

Você   — Muito obrigada. E quanto custa a passagem?

Chofer   — _____

C. **Festa na sua casa**. Você está na universidade convidando toda a classe para uma festa na sua casa. Dê as direções da universidade para a sua casa:

_____

_____

_____

_____

_____

_____

D. **Escreva sobre os meios de transportes urbanos da sua cidade**. Qual a melhor maneira de se locomover de um lugar para o outro? Vocabulário sugerido: *metrô, táxi, ônibus, rápido, econômico, longe, perto, motorista, ponto, passagem, pegar, passar.*

_____

_____

_____

III. LENDO E ESCREVENDO

A. **Metrô**. Leia o anúncio e escolha a resposta apropriada.

RECADO

UM ÚNICO BILHETE PARA 10 VIAGENS.

METRÔ SP
10

GANHE TEMPO. USE BILHETE MÚLTIPLO. ECONOMIZE DINHEIRO.

COMO UTILIZAR SEU BILHETE MÚLTIPLO 10 NOS BLOQUEIOS DO METRÔ.

1. INTRODUZA O SEU BILHETE ANTES DE ENTRAR

2. RETIRE O SEU BILHETE

3. PASSE

IMPORTANTE:

- NA DÉCIMA VIAGEM SEU BILHETE NÃO SERÁ DEVOLVIDO.

- EXISTINDO UMA PESSOA NA SUA FRENTE, AGUARDE. SOMENTE INTRODUZA O BILHETE DEPOIS QUE ELA TENHA ULTRAPASSADO O BLOQUEIO.

- INTRODUZIDO O BILHETE, VOCÊ TEM 30 SEGUNDOS PARA ULTRAPASSAR.

- ULTRAPASSE SEMPRE PELA ESQUERDA DO BLOQUEIO, CONFORME MOSTRA O DESENHO.

- NÃO AMASSE, NÃO DOBRE E NÃO MOLHE SEU BILHETE.

LEMBRE-SE: AO ENTRAR OU SAIR, UTILIZE SEMPRE OS BLOQUEIOS COM SINALIZAÇÃO VERDE.

METRO

SECRETARIA DE ESTADO DOS NEGÓCIOS METROPOLITANOS

GOVERNO MONTORO

1. Usando o bilhete múltiplo você
   a. ganha tempo e economiza dinheiro
   b. ganha pouco tempo
   c. não economiza dinheiro

2. Para utilizar o bilhete múltiplo:
   a. Passe, retire o bilhete e introduza o bilhete antes de entrar
   b. Retire o bilhete, passe e introduza o bilhete antes de entrar
   c. Introduza o bilhete antes de entrar, retire o bilhete e passe

3. Com o bilhete múltiplo você tem:
   a. 1 viagem
   b. 5 viagens
   c. 10 viagens

4. O seu bilhete não será devolvido
   a. na primeira viagem
   b. na décima
   c. na segunda viagem

5. Ao entrar ou sair:
   a. utilize sempre os bloqueios
   b. ultrapasse sempre os bloqueios
   c. utilize sempre os bloqueios com sinalização verde

6. Importante:
   a. não amasse, não dobre e não molhe seu bilhete
   b. não amasse, dobre e não molhe seu bilhete
   c. não amasse, não dobre e molhe seu bilhete

7. Ultrapasse sempre
   a. pela direita do bloqueio
   b. pela esquerda do bloqueio
   c. pela direita ou pela esquerda do bloqueio

8. Introduzido o bilhete você tem:
   a. 30 segundos para ultrapassar
   b. 3 segundos para ultrapassr
   c. 10 segundos para ultrapassar

B. **Nova Jerusalém na Semana Santa**. Nova Jerusalém, teatro-cidade em Pernambuco, é uma fantástica reprodução de Jerusalém do ano 33 D. C. Nesta cidade de pedra é encenada todos os anos a Paixão de Cristo. Estude o mapa e o texto abaixo e responda às perguntas:

Roteiro de Serviços

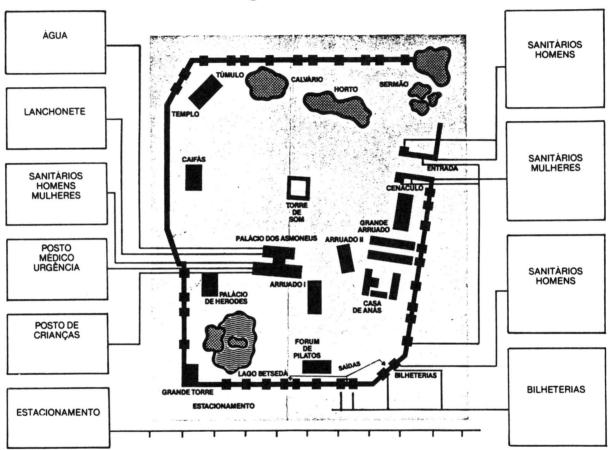

No Palácio dos Asmoneus, próximo da Torre de Som, há sanitários que podem ser usados no decorrer do espetáculo, serviço médico de emergência, posto para atendimento de crianças, água, refrigerantes e pequeno lanche.

Oriente seu filho menor para que ele, em caso de desencontro, procure o posto para atendimento de crianças, localizado no Palácio dos Asmoneus, onde pessoal habilitado cuidará dele.

O deslocamento de cena a cena deve ser feito sem atropelos. O ato seguinte somente tem início quando o público já está acomodado.

Não se desloque de um cenário para o outro antes do término da cena. O fim de cada quadro é caracterizado pelo total apagar das luzes e pela imediata iluminação do cenário seguinte.

A saída, durante o espetáculo, deve ser feita através da borboleta de saída, no mesmo local da borboleta de entrada.

O espetáculo tem início na hora marcada.

A Nova Jerusalém poderá ser visitada, durante o dia, na Semana Santa, das 8 às 15:30 horas. Na quinta e na sexta-feira o horário para visitas é de 8 às 14 horas.

1. Descreva os serviços que Nova Jerusalém oferece:

_____

_____

2. Você está no Cenáculo e está com fome. Escreva como você chega até a lanchonete:

_____

_____

3. Você está na entrada da cidade e precisa comprar os bilhetes. Como você vai para a bi lheteria?

_____

_____

4. Escreva sobre o posto para atendimento de crianças.

_____

_____

5. Como você sabe que a cena está no fim?

_____

_____

6. Você precisa sair durante o espetáculo. Como a saída deve ser feita?

_____

_____

7. Escreva o horário e os dias de visita à cidade de Nova Jerusalém.

_____

_____

IV. PRETÉRITO DOS VERBOS EM -ER

A. **Ainda não**!

1. Você já comeu feijoada?   *Não, eu ainda não comi.*

2. Você já conheceu os estudantes brasileiros?

_____

3. Os seus pais já venderam a casa?

_____

4. O professor já atendeu o telefone?

_____

5. Você já respondeu a carta?

_____

6. Vocês já beberam cachaça?

_____

7. Você já vendeu carro?

_____

B. **Dando desculpas**. Escreva as desculpas que você deu nas seguintes situações.

1. Professor —— Por que você não escreveu a composição?

   Você —— *Porque eu esqueci.*

2. Jorge —— Por que você não telefonou ontem?

   Você_____

3. Seu pai —— Por que você chegou tarde ontem de noite?

   Você_____

4. Rosa Maria —— Por que você bebeu tanto?

Você_____

5. Sua mãe —— Por que você vendeu o seu relógio?

Você_____

6. Seu pai —— Por que você acordou tarde?

Você_____

C. **Uma história de amor -- Parte I**. Complete o texto com as formas dos verbos: *falar, ir, ficar, conhecer, poder, voltar, descobrir* no pretérito perfeito e imperfeito.

Quando eu _____ a Portugal no ano passado eu _____ uma garota

chinesa que não _____ bem o português, mas nós _____ bons amigos.

Nós _____ a todos os pontos turísticos de Lisboa. Quando eu _____

para o Brasil,_____ que não _____ encontrar o endereço dela. Eu

_____ muito triste e com um grande vazio dentro de mim.

D. **Uma história de amor -- Parte II**. Complete o texto com as formas dos verbos *mudar, querer, olhar, ser, dizer, encontrar, caminhar, compreender, desmaiar, bater, estar* no pretérito perfeito e imperfeito.

Imagine a minha surpresa quando, um ano depois, no primeiro dia do novo semestre, eu

_____ a chinesa na sala de aula. "Minha família _____ para o Brasil há

um mês", ela me _____. Meu coração _____ forte dentro do meu peito.

Quando a moça _____ para a frente da classe, eu quase _____. Ela

_____ a professora do curso! Eu _____ para ela com tanta emoção que

ela logo _____ por que eu _____ naquele curso: eu _____

aprender chinês que, para mim, _____ a língua do amor.

E. **Escreva uma lista** de dez coisas que você e seus amigos fizeram no fim de semana passado. Use as expressões abaixo: *domingo de manhã -- de manhã -- sábado de tarde -- no domingo -- domingo de manhã -- ontem à noite -- domingo de tarde -- no sábado.*

1. _____

2. _____

3. _____

4. _____

5. _____

6. _____

7. _____

8. _____

9. _____

10. _____

F. **Eu vi o que aconteceu**! Você estava na janela do seu quarto e viu quando um assaltante entrou na casa do vizinho. Conte o que aconteceu seguindo o roteiro abaixo. Use os verbos no pretérito perfeito e use as palavras *e, então, mas, depois de, antes de, quando.*

O assaltante: chegar -- entrar -- apagar as luzes -- olhar para um lado e para o outro -- caminhar até o cofre -- tirar o dinheiro e as jóias -- escutar um barulho lá fora -- correr para a sala -- acender as luzes -- o telefone tocar -- não atender -- apagar novamente as luzes -- ficar muito quieto -- voltar ao quarto -- fechar o cofre -- colocar dinheiro e as joias no bolso -- desaparecer

O ladrão chegou . . . _____

_____

_____

_____

_____

_____

_____

G. O maior poeta brasileiro da sua geração: Carlos Drummond de Andrade. Com os dados abaixo escreva a biografia de Carlos Drummond de Andrade.

Data do nascimento: 1902
Local de nascimento: Itabira, Minas Gerais
Estudos: Nova Friburgo e Belo Horizonte
Faculdade: Farmácia
Profissões: Professor de Geografia e Português
                    Jornalista
                    Funcionário público
Carreira literária: poeta, contista, cronista
Casamento: 23 anos com Maria Dolores
Filha: Maria Julieta
Temperamento: tímido
Algumas obras :
          No Meio do Caminho (1930)
          Os Ombros Suportam o Mundo (1940)
          Mãos Dadas (1940)
          Sentimento do Mundo (1940)
          Rosa do Povo (1945)
          Fazendeiro do Ar (1954)
          A Bomba (1962)
          José e Outros (1967)
          Amor, Amores (1975)
          Amar se aprende Amando (1985)
Data de falecimento: 19 de agosto de 1987

Carlos Drummond de Andrade nasceu em . . . _____

_____

_____

_____

_____

_____

_____

_____

_____

_____

G. **Minha Biografia**. Escreva a história da sua vida: onde e quando você nasceu, onde viveu, onde estudou, onde trabalhou, e outros dados que você considera importántes:

Eu nasci _____

_____

_____

_____

_____

_____

_____

_____

_____

_____

V. LENDO E ESCREVENDO

▓FILMES NA TV▓

EM BUSCA DA FELICIDADE, de Robert Moore (*Chapter Two*, EUA, 1979). Drama e comédia se misturam nessa autobiografia do escritor Neil Simon, que mostra o seu terceiro casamento com uma atriz recém-divorciada e a dificuldade dele em se livrar do fantasma da segunda esposa. Com James` Caan e Marsha Mason (124min). **Manchete (9)**, 21h20.

OS FILHOS DE KATIE ELDER, de Henry Hathaway (*The Sons of Katie Elder*, EUA, 1965). Neste faroeste quatro irmãos se reencontram nos funerais da mãe e resolvem permanecer no sítio onde ela morava para defender a terra dos invasores e tornar o nome da família respeitável. Com John Wayne e Dean Martin (112min). **Globo (5)**, 13h25.

O PESADELO DE SARA SCOTT, de Mike Hodges (*Missing Pieces*, EUA, 1982). Uma detetive particular é contratada por outra mulher para descobrir se o marido a trai. Ao segui-lo a detetive presencia o assassinato do marido de sua cliente e tenta desvendar o caso. Com Elizabeth Montgomery (96min). **Manchete (9)**, 23h20.

TOQUE DE RECOLHER, de Harold Becker (*Taps*, EUA, 1981). Ao receber a notícia de que sua academia, que forma heróis há mais de um século, será desativada, o velho general Harlan morre do coração. Um dos cadetes então assume a liderança levando os outros garotos a enfrentar a Guarda Nacional que quer desalojá-los (118min). **Globo (5)**, 23h30.

O TOQUE DE SATÃ, de Don Henderson (*The Touch of Satan*, EUA, 1974). Durante a viagem para a casa de um amigo, um rapaz se hospeda numa fazenda onde uma moça deformada por um acidente comete brutais assassinatos. Com Michael Barry e Emby Mellay (87min). **TVS (4)**, 24h.

Filmes na TV. Escolha um dos filmes no anúncio e responda às seguintes perguntas.

1. Que filme você escolheu?

_____

2. Por que você escolheu esse filme?

_____

3. Que tipo de filme era? Romântico, Comédia?

_____

4. Quais eram os artistas?

_____

5. O que aconteceu no filme?

_____

6. Que canal passou o filme?

_____

7. Você gostou do filme ou não? Por quê?

_____

8. Em que ano foi feito o filme ''Toque de Recolher''?

_____

VI. ''O MAIOR ARTISTA DE CINEMA''

A. **Entrevista**. Você é um famoso astro de cinema.

1. Repórter: Qual o seu nome completo?

Você:_____

2. Onde você nasceu?

Você:_____

3. Como começou a sua carreira?

    Você:_____

4. Sua família ajudou você?

    Você:_____

5. O sucesso mudou você?

    Você:_____

6. Em quantos filmes você já trabalhou?

    Você:_____

7. Você algum dia pensou em outra profissão?

    Você:_____

VII. TODO VS. TUDO

A. **O que nós fazemos.** Use *tudo, todo, toda, todos, todas* com o artigo, quando necessário:

1. Eu faço _____ trabalho.

2. Ele lembra _____ que ouve.

3. Nós resolvemos _____ problemas.

4. _____ criança brinca.

5. Eu compreendo _____ .

6. Meus colegas estudam _____ dia.

7. _____ Estado de São Paulo produz muito.

8. _____ é elegante na casa da Célia.

B. **Uma Semana com meus Avós.** Complete as frases com *tudo, todo, toda, todos, todas.* Use o artigo quando necessário.

_____ os anos eu passo uma semana na casa dos meus avós. _____ dia nós tomamos o café da manhã juntos. É nesta ocasião que falamos das novidades e das notícias de _____ família. Meus avós moram numa fazenda grande e bonita, onde há _____ tipo de animal: vaca, carneiro, cavalo, porco, galinha e pato. _____ tardes eu gosto de andar pela fazenda. _____ é tão bonito! _____ noites a minha avó faz um jantar maravilhoso e eu como _____. _____anos eu espero com ansiedade a minha visita à casa dos meus avós.

VIII. LENDO E ESCREVENDO

VISITE O MUSEU CMTC DOS TRANSPORTES PÚBLICOS

Venha ver grandes atrações:
O bonde nº 1 de São Paulo, um "camarão" os primeiros tróleibus, fotografias, propagandas e muitas outras curiosidades.

Traga as crianças!
Elas podem mexer na maioria das peças e vão gostar de brincar no "bonde de areia". E tem mais;

Documentários
Veja, em sessões periódicas, pequenos filmes e documentários sobre o transporte público e sua história.

Biblioteca
Com mais de 500 volumes, reúne obras de interesse para estudiosos e pesquisadores. As consultas podem ser feitas nos dias úteis, das 9 às 17h, mediante solicitação.

A CMTC dedica seu Museu aos Jovens!
Nos dias úteis são realizadas visitas de estudantes, acompanhadas por experientes monitores. Uma alegre "gincana cultural" ajuda as crianças e jovens a aprenderem fatos e eventos de importância.

Traga sua escola!
Para as escolas públicas o transporte até o Museu é gratuito e realizado por atraentes réplicas de bondes.
As visitas devem ser marcadas com antecedência pelo telefone 256-4011, ramal 215.

Estamos procurando o passado...
Se V. tem ou conhece quem tenha peças, fotos ou documentos sobre transporte urbano, entre em contato conosco pelos telefones 285-0994 ou 227-5860. Nós teremos o maior prazer em exibi-los ao público, mencionando o nome do doador.

Um bom programa

Museu CMTC dos
Transportes Públicos
Av. Cruzeiro do Sul, 780.
(esq. com Rua Pedro Vicente,
a 300 metros da Estação Ponte
Pequena, do Metrô).
Horário:
de 3ª a Domingo, das 9 às 17 h
Telefone: 227-5860

ENTRADA GRATUITA

1. Onde fica o Museu CMTC dos Transportes Públicos?

_____

2. Qual é o horário de funcionamento do Museu?

_____

3. Quanto custa a entrada do Museu?

_____

4. Que atrações você pode ver no Museu CMTC? (Cite pelo menos 5)

_____

5. Por que as crianças gostam do Museu?

_____

6. O que você pode ver em sessões periódicas?

_____

7. Descreva a biblioteca do museu:

_____

8. O que é uma 'gincana natural'?

_____

9. O que o Museu oferece às escolas públicas?

_____

10. Como as visitas das escolas públicas devem ser marcadas?

_____

11. O que o museu faz com as fotos e documentos sobre transportes urbanos que os leitores têm?

_____

12. Imagine que você visitou o Museu CMTC dos Transportes Públicos. Descreva brevemente a sua visita.

*Eu cheguei no Museu às 10 hs. Primeiro eu...*_____

_____

_____

_____

_____

_____

IX. SABER VS. CONHECER

A. **Você e Seus Amigos**. Responda à entrevista abaixo sobre você e seus amigos:

1. Que amigo você conhece melhor?

   Você:_____

2. Qual dos seus amigos sabe falar português?

   Você:_____

3. Você sabe o endereço de todos os seus amigos?

   Você:_____

4. Quem sabe onde fica o rio Amazonas?

   Você:_____

5. Quem conhece a música brasileira?

   Você:_____

6. Quem sabe onde o português é falado?

   Você:_____

7. Quem sabe a capital de Portugal?

   Você:_____

8. Que esportes você sabe jogar?

   Você:_____

9. Que cidades do seu país você conhece bem?

   Você:_____

10. Quem conhece você muito bem?

   Você:_____

B. **A Minha Universidade**. Preencha os espaços com as formas de *conhecer* e *saber*:

Eu _____ bem o campus da minha universidade. É grande, bonito e

moderno. Eu _____ onde fica a biblioteca, o restaurante universitário, o

estádio e a livraria. Eu e meus colegas _____ que o restaurante

universitário é um ótimo lugar para bater um bom papo. Eu também _____ bem

os meus professores e _____ o nome de todos. Porém, eu _____

melhor o meu professor de português. Eu _____ quase todos os meus

colegas da aula de português mas _____ que preciso _____

todos muito bem. Eu não _____ a Reitora da Universidade mas todos nós

_____ que ela é uma pessoa justa e simpática.

C. **Você sabia**? Faça perguntas sobre fatos que você aprendeu até agora em *Travessia*.

   1. *Você sabia que a capital do Brasil é Brasília?*

   2. *Você sabia que a língua oficial de Cabo Verde é o português?* (continue)

   3. _____

   4. _____

   5. _____

   6. _____

   7. _____

   8 _____

PARTE II

I. PRETÉRITO PERFEITO: VERBOS EM -IR

A. **Que dor de dente**! Complete o diálogo com o pretérito dos verbos em -ir.

Rosa — Quantas horas você dormiu ontem?

Pedro — _____

Rosa — E você sentiu muita dor de dente?

Pedro — _____

Rosa — E a que horas você saiu do dentista?

Pedro — _____

Rosa — O seu pai dirigiu o carro ou foi você?

Pedro — _____

Rosa — O dentista sugeriu alguma coisa para você tomar? Aspirina, por exemplo.

Pedro — _____

B. **Perguntas entre estudantes**. Faça uma pergunta e uma resposta a partir das sugestões abaixo:

1. Você/dormir bem ontem à noite

   — *Você dormiu bem ontem à noite?* — *Sim, eu dormi muito bem.*

2. Vocês/vestir o uniforme do colégio

   _____

   _____

3. Quando a Marina/fugir de casa

   _____

   _____

4. Que dia você/sair com os seus pais

_____

_____

5. A sua escola/competir em basquetebol no ano passado

_____

_____

6. Vocês já/discutir o plano de estudos

_____

_____

7. Quando você/dirigir o meu carro a última vez

_____

_____

8. Vocês/despedir dos seus amigos antes de viajar

_____

_____

9. Onde vocês/assistir o filme "Bye, Bye Brasil?"

_____

_____

B. **Uma historinha**. Complete o texto com o pretérito dos verbos: *decidir, abrir, dormir, comer, sentir, resistir, fugir, vestir, ouvir, descobrir, resolver, esconder, aparecer.*

Ontem eu não _____ muito bem. No meio da noite eu _____ sair

um pouco. Eu _____ a minha blue jeans e _____ a porta. A noite

estava fria mas a lua no céu brilhava e havia muitas estrelas. Eu _____ ir até o

parque. Era meia-noite. A cidade parecia dormir. Nesse momento eu me

_____ muito sozinho. De repente eu _____ um barulho estranho

que vinha do lago do parque. Eu não _____ e caminhei para lá. Quando eu cheguei mais perto eu _____ que o barulho saía de dentro da água. Su-

bitamente _____ um enorme monstro. Eu _____ correndo e gritando para

casa e me _____ debaixo da cama. No dia seguinte eu _____ que uma

equipe de cinema tinha escolhido aquele lago para cena de um filme de terror.

III. "ESTOU COM FOME, ESTOU COM SEDE E COM TUDO MAIS!"

A. **Complete usando uma das expressões**: *estar com sede, com calor, com fome, com medo, com pressa, com dor de dente, com saudade, com dor de cabeça.*

1. Preciso ir ao dentista porque *estou com dor de dente.*

2. Preciso tomar uma aspirina porque _____.

3. Maria quer beber água porque _____.

4. Jorge quer comer muito porque _____.

5. Vou ligar o ar condicionado porque _____.

6. Vou acender a luz porque _____.

7. Vou correndo pegar um táxi porque _____.

8. Vou escrever para meus pais porque _____.

B. **O que você faz nas seguintes situações?**

1. Quando você está com frio. *Eu ligo o aquecedor.*

2. Quando você está com raiva.

_____

3. Quando você está com fome.

_____

4. Quando você está com ciúmes.

_____

5. Quando você está com pressa.

_____

6. Quando você está com febre.

_____

7. Quando você está com sono.

_____

8. Quando você está com dor de estômago.

_____

IV. *PALAVRAS INTERROGATIVAS* — *Revisão*

A. **Fazendo Perguntas**. Complete as perguntas usando as palavras interrogativas: *para onde, onde, o que, quando, quanto, qual, por que, quantos, de quem, quais, quem.*

1. _____ você morava quando era criança?

2. _____ você terminou os estudos?

3. _____ anos você tem?

4. _____ custou o seu carro?

5. _____ você se casou?

6. _____ é aquela casa azul?

7. _____ você está triste?

8. _____ você comeu no jantar?

9. _____ é o seu dia favorito?

10. _____ você foi ontem?

11. _____ são as suas matérias favoritas?

12. _____ chegou ontem de São Paulo?

B. **Fazendo mais perguntas**. Faça as perguntas, usando as palavras interrogativas, para as seguintes respostas:

1. *Que cor é o vestido da Ana?*   Azul e branco.

2. _____? Estou muito triste.

3. _____? Fui com o Rogério.

4. _____? De avião.

5. _____? Passou pela praia.

6. _____? Estas malas verdes.

7. _____? No próximo verão.

8. _____? Em casa.

C. **Coisas de família**. Faça uma pergunta às afirmações abaixo.

1. *Onde vocês moram?* —   Nós moramos na Avenida Ipiranga.

2. _____?

   — Mudamos para esta casa em 1978.

3. _____?

   — Nossa casa é de madeira.

4. _____?

   — Viemos de uma cidade do interior.

5. _____?

   — Somos seis pessoas na minha família.

6. _____?

— Meu irmão mais velho tem 26 anos.

7. _____?

— O nome dele é Carlos Alberto.

8. _____?

— O cachorro é da minha irmã.

9. _____?

— Nós todos cuidamos da casa.

10. _____?

— Nos fins de semana nós vamos para a praia.

11. _____?

— Nós vamos de carro.

C. **Identificação Pessoal**. Faça perguntas para identificar a pessoa abaixo. Use as interrogativas: *quem, qual, onde,* etc.

1. — José Roberto é meu nome. — *Qual é o seu nome?*

2. — De São Paulo._____

3. — Vinte e um anos._____

4. — Na Avenida Paulista, Nº 435._____

5. — Três irmãos._____

6. — Uma irmã._____

7. — Na Universidade de São Paulo._____

8. — Português._____

9. — 2ª feira, 4ª feira e 6ª feira._____

10. — Meu pai é dentista._____

V. VERBOS IRREGULARES DO PRETÉRITO PERFEITO: SER, ESTAR, TER, FAZER, IR

A. **Informações Úteis.** Complete as frases com o pretérito perfeito dos verbos indicados:

SER

1. Pedro Álvares Cabral _____ o descobridor do Brasil.

2. Clark Gable e Janet Leigh _____ artistas de cinema.

3. Nós _____ estudantes universitários.

4. Eu _____ Presidente do Clube Luso-Brasileiro.

ESTAR

1. Eu _____ na sua casa ontem à noite.

2. Cabral _____ no Brasil em 1.500.

3. Nós _____ na Europa no ano passado.

4. Os meus irmãos _____ comigo hoje de manhã.

TER

1. Eu _____ muitos amigos de infância.

2. Meus pais _____ paciência comigo.

3. O Brasil _____ muitos escravos.

4. Você e eu _____ muitas oportunidades na vida.

FAZER

1. Nós _____ tudo que o professor pediu.

2. Os diretores franceses _____ ótimos filmes.

3. Minha turma _____ um trabalho interessante.

4. No ano passado _____ muito calor no Rio.

IR

1. O médico já _____ para o hospital.

2. Eu _____ de carona para a escola ontem.

3. O astronauta _____ à lua.

4. Nós _____ a pé porque não tínhamos carro.

B. **Uma boa viagem**! Complete o diálogo usando o pretérito dos verbos *estar*, *ter*, *fazer*, *ser*, *ir*.

Júlio — Você já _____ no Brasil?

Helena — Sim eu já _____.

Júlio — Quando você _____ ao Brasil?

Helena — Eu _____ no Natal passado.

Júlio — Quem _____ com você?

Helena — André e Lúcia, meus melhores amigos, _____ comigo.

Nós _____ de avião, pela Varig.

Júlio — O que vocês _____ lá?

Helena — Nós _____ uma porção de coisas. Visitamos os pontos

turísticos, _____ em Ouro Preto e _____ milhões de amigos.

Júlio — Vocês gostaram muito da viagem?

Helena — _____ uma ótima viagem. Nós _____ a sorte de ficar num hotel bom e barato na praia de Ipanema. O Rio é de fato uma cidade maravilhosa!

VI. LENDO E ESCREVENDO

Você fez uma excursão à Pousada do Rio Quente. Como foi essa viagem? Leia as informações e responda às perguntas.

POUSADA DO RIO QUENTE

EXCURSÃO RODOVIÁRIA

PROGRAMA

1.º dia - Sábado - Saída do Rio de Janeiro às 10:00 hs. na rua Visc. Pirajá, esquina com Anibal de Mendonça, em ônibus super-luxo com toalete serviço a bordo, 3 canais de som individual, geladeira, poltronas semi-leito, vídeo-cassette, mesa de jogos, ar condicionado, recreador acompanhante durante o percurso. Almoço às 13:00 hs. no "Carretão Gaúcho" em Juiz de Fora. Alojamento em Belo Horizonte no Hotel Brasilton ou similar aptos. com banheiro privativo e café da manhã.

2.º dia - Domingo - Às 07:00 hs. café da manhã no Brasilton.

Às 13:00 hs. almoço na cidade de ARAXÁ

Às 19:00 hs. - chegada à POUSADA DO RIO QUENTE.

3.º dia - Segunda-feira - Programação Pousada

4.º dia - Terça-feira - Programação Pousada

5.º dia - Quarta-feira - Programação Pousada

6.º dia - Quinta-feira - Programação Pousada

7.º dia - Sexta-feira - Às 07:00 hs. café da manhã Pousada e saída de volta.

Às 11:30 hs. almoço no "Vila Verde" em Uberlândia.

Às 21:00 hs. jantar no Hotel Brasilton em Belo Horizonte.

Às 23.00 hs. embarque para o Rio de Janeiro.

Sábado - Chegada ao Rio de Janeiro às 06:00 hs.

FIM DOS NOSSOS SERVIÇOS

POUSADA DO RIO QUENTE

- **HOTEL TURISMO** ☆ ☆ ☆ ☆ ☆
- **HOTEL POUSADA** ☆ ☆ ☆
- **CHALÉS DO RIO QUENTE**
- **PARQUE DAS ÁGUAS** - localizada no centro do Complexo o "Parque das Águas" com capacidade de 250 milhões de litros d'agua, com águas correntes naturalmente aquecidas, este imenso parque termal engloba um complexo sistema de 7 piscinas com temperaturas que variam de 37 a 42 graus C. Águas límpidas e cristalinas, completamente recicladas a cada 2 horas, formam quedas d'agua que renovam a sua saúde através de têrapêuticas hidromassagens naturais.

- **RECREAÇÃO PLANEJADA** - Mantemos uma equipe especializada em recreação, "Botolazer", composta por pessoas dedicadas a cada esporte e com uma programação especial para todas as idades.

- **"FESTA O ANO INTEIRO!"**
  - Camaval na Pousada de 14 a 20 de fev.
  - Semana da Saudade de 03 a 10 de março
  - 21.º aniversário da Pousada do Rio Quente de 17 a 24 de março.
  - Semana Santa - de 03 a 07 de abril
  - Portugal na Pousada de 14 a 21 de abr.
  - Noite Cigana e Bandeira Branca de 26 de abril a 04 de maio
  - Israel na Pousada de 05 a 12 de maio
  - Italia na Pousada de 20 a 26 de maio
  - O Feriado de Corpus Christi e Festas Juninas - de 05 a 30 de junho.

- Do Rio de Janeiro para Goiânia via VASP
- De Goiânia para Pousada translado rodoviário

1. De que você foi? _____

2. Quantos dias você passou na Pousada do Rio Quente? _____

_____

3. A que horas você saiu do Rio de Janeiro? _____

_____

4. No primeiro dia da excursão, onde você almoçou? _____

_____

5. Quando você chegou à Pousada do Rio Quente? _____

_____

6. Onde você jantou no sétimo dia? _____

_____

7. A que hora você voltou para o Rio? _____

_____

8. Qual é a capacidade de água do Parque das Águas da Pousada do Rio Quente?

_____

9. Quantas piscinas há no parque? _____

_____

10. Qual é a temperatura da água? _____

11. As águas são recicladas? _____

_____

VII. *VERBOS IRREGULARES DO PRETÉRITO PERFEITO: QUERER, DIZER, VER, VIR*

A. **Mais informações úteis**. Complete as frases com o pretérito perfeito dos verbos indicados.

QUERER

1. O Presidente _____ paz para o mundo.

2. Os estudantes não _____ fazer o exame.

3. Depois do trabalho nós _____ um bom jantar.

4. Todos _____ sair conosco?

DIZER

1. Sei que você _____ a verdade.

2. Eu _____ tudo que eu sabia.

3. Nós _____ tudo ao professor.

4. Os repórteres _____ que vai chover amanhã.

VER

1. André _____ o filme "Orfeu Negro".

2. Nós _____ muitos lugares interessantes.

3. Eu _____ o Cristo do Corcovado.

4. Meus amigos _____ toda a cidade.

VIR

1. Nós _____ com Roberto para a universidade.

2. Eu _____ de carro.

3. O Arnaldo _____ ontem do Brasil.

4. Meus colegas _____ para o concerto também.

B. **Não tem problema**! Complete o diálogo com o pretérito dos verbos *querer*, *dizer*, *ver*, *vir*.

Jorge — Quem _____ a você que eu _____ aqui?

Ângela — O Pedro _____ que você _____ me ver.

Jorge — Mas eu não _____ você e fui até a casa do Pedro.

Ângela — Eu _____ avisar a você que eu tinha uma hora marcada com o Dr. Ivan, mas não foi possível.

Jorge — Não tem problema. Fiquei um pouco na casa do Pedro e nós

_____ um filme na TV.

C. **Meu passeio com o Sérgio**. Preencha os espaços com o pretérito perfeito dos verbos em parênteses.

Ontem o Sérgio foi comigo ao centro da cidade. Ele _____ (*dizer*) que precisava descansar um pouco e eu _____ (*querer*) quebrar a monotonia de dias de trabalho ininterrupto. Era um dia todo azul de primavera e eu _____ (*sentir*) que podia andar até o fim do mundo. Nós _____ (*ir*) a vários lugares, _____ (*ver*) muita gente, _____ (*ouvir*) as vozes da rua e _____ (*fazer*) coisas simples, sem compromisso. Quando nós _____ (*passar*) pela Sorveteria Alaska eu _____ (*ter*) uma vontade louca de tomar um sorvete. Eu _____ (*entrar*), _____ (*pedir*), _____ (*pagar*), _____ (*sair*) feliz da vida. Enquanto tomava o meu sorvete eu _____ (*ver*) as vitrines de uma loja de brinquedos e _____ (*estar*) por um longo tempo olhando os cartazes de filmes em um cinema. _____ (*fazer*) um gesto para o Sérgio. Ele _____ (*vir*) e _____ (*rir*) do cartaz de um filme da década de '50 na parede. "Estamos ficando velhos, hein", ele _____ (*dizer*). Era só um cartaz na parede. Mas como doeu! Nós não _____ (*dizer*) nada, _____ (*sair*) devagar. O sino de uma igreja qualquer _____ (*tocar*) seis horas e o sol _____ (*vir*) dizer que a noite já vinha.

D. **O meu primeiro dia de aula.** Descreva abaixo o seu primeiro dia de aula. Como você se sentiu? Conheceu muitas pessoas?

O meu primeiro dia de aula foi... _____

_____

_____

_____

_____

_____

_____

E. **No semestre passado**! Você se lembra de alguma coisa boa ou má que aconteceu com você no semestre passado? Conte abaixo.

_____

_____

_____

_____

_____

_____

_____

_____

_____

VIII. BOA VIAGEM

A. **Definições**. Com que palavras e expressões relacionadas a viagem você pode definir as frases abaixo?

1. Quando você não tem aula nem trabalha: _____

2. Documento de identidade que você precisa para ir para o exterior: _____

_____

3. Lugar onde você chega, abre as malas e mostra os documentos:

_____

4. Quando o vôo não é direto e você pára em vários lugares:

_____

5. O que você precisa para assegurar um lugar no avião:

_____

6. Ao subir o avião decola e ao chegar ele _____

7. Você pode comprar uma passagem à vista com dinheiro ou com

_____

8. Permissão importante que se obtém num Consulado para entrar num país:

_____

9. Você pode comprar a sua passagem numa _____

10. A PANAM, a VARIG, e a JAL são _____ _____

B. **Falando com a Recepcionista**.   Complete o diálogo

Recepcionista — A sua passagem, por favor.

Sr. Matos — _____

Recepcionista — Fumante ou não fumante?

Sr. Matos — _____

Recepcionista — O senhor quer a janela ou tem outra preferência?

Sr. Matos — _____

Recepcionista — É esta a sua bagagem? A maleta de mão vai desacompanhada?

Sr. Matos — _____

Recepcionista — Não. O senhor vai fazer escala em São Paulo.

Sr. Matos — _____

C. **Na Agência de Turismo**. Complete o diálogo. Como funcionário da Agência, você dá as seguintes informações a um turista.

Turista	— Por favor, pode me dar informação sobre viagens para o Brasil?
Você	— _____
Turista	— De que documentos eu preciso?
Você	— _____
Turista	— Quanto tempo se leva para obter o visto?
Você	— _____
Turista	— Onde eu posso trocar o dinheiro? Devo levar cheques de viagem?
Você	— _____
Turista	— Qual a melhor maneira de viajar? Tem vôo direto?
Você	— _____
Turista	— E quanto custa uma passagem de ida e volta?
Você	— _____
Turista	— Devo aprender a língua do País?
Você	— _____
Turista	— Gosto da arquitetura colonial e também quero aprender muito sobre os costumes do país. Que lugares o senhor recomenda?
Você	— _____
Turista	— E quanto aos hotéis? Que informações o senhor pode me dar?
Você	— _____
Turista	— O senhor realmente me ajudou muito. Obrigado e até logo.

D. **João Alberto vai viajar!** Faça um pequeno parágrafo dando as informações sobre a viagem do João Alberto de acordo com o quadro.

Data	12 de janeiro
Companhia	Varig
Vôo	807
Destino	Belém
Saída	13:50
Chegada	17:25
Portão de Embarque	22

_____

_____

_____

_____

_____

_____

E. **A última viagem que eu fiz!** Escreva uma composição sobre a última viagem que você fez. Responda às perguntas:

Para onde você foi?
Quando?
Você foi de férias?
Onde ficou?
O que aprendeu de novo?

Que lugares visitou?
Quanto gastou?
Conheceu pessoas interessantes?
Teve problemas?

_____

_____

_____

_____

_____

_____

_____

_____

_____

IX. LENDO E ESCREVENDO

Responda de acordo com o artigo "Fronteira aberta".

Turismo

Fronteira aberta

*Brasil mais barato para
quem quiser passear*

O turista brasileiro, ao que parece, está prestes a descobrir o Brasil. Quarenta dias depois que o compulsório sobre a compra de dólares e de passagens para o exterior tirou as viagens internacionais dos planos mais imediatos da classe média, a Embratur e um pool de empresas privadas lançaram, na quinta-feira 28, uma série de tentadoras facilidades para o turismo interno. O programa, batizado com o nome consolador de Passaporte Brasil, proporciona ao turista que comprar um pacote de viagem numa das 2 600 agências ligadas ao plano uma economia de até 25% em passagens, hospedagem e passeios. Os descontos se estendem também a uma enorme variedade de serviços, que vão do aluguel de automóveis a restaurantes, compras em shopping centers e visitas a cabeleireiros, saunas e até academias de ginástica. Ao início de sua viagem, o turista ganha de sua agência um pequeno livreto, semelhante a um passaporte, contendo os seus dados pessoais, o período e o destino da viagem, e uma lista dos quase 800 estabelecimentos comerciais onde ele pode ter descontos de 5% a 20% do total de suas despesas. Como a validade do passaporte expira junto com o fim da viagem, o documento — e os descontos que ele proporciona — não tem vida eterna.

VANTAGENS — O programa Passaporte Brasil custará 40 milhões de cruzados, dos quais 32 milhões virão de empresas participantes. O ministro da Indústria e do Comércio, José Hugo Castello Branco, não tem dúvidas de que o esforço será compensador. Segundo afirma, no ano passado quase 1 milhão de brasileiros fez turismo no exterior, onde deixou 1,2 bilhão de dólares. Enquanto isso, apenas 41% da capacidade hoteleira do país foi ocupada durante o ano por um contigente de 8 300 hóspedes — 50% dos quais procedentes de São Paulo.

Para mudar esse panorama, o governo ainda pretende acionar outras medidas. En-

A chave para descontos

quanto uma campanha publicitária com o lema "Viaje pelo Brasil com todas as vantagens do mundo" divulgará o Passaporte Brasil internamente, outra campanha, ao custo de 2 milhões de dólares, em cinqüenta jornais e revistas americanos tentará fisgar, com o atrativo adicional do passaporte, um público mais consistente de turistas americanos.

Os agentes de viagem apostam que a clientela de turistas deve aumentar consideravelmente — segundo os cálculos da Embratur, cerca de 300 000 pessoas procurarão viajar munidas do passaporte nos próximos doze meses. Se não o fizerem, acabarão pagando caro. Segundo o presidente da Embratur, João Dória Júnior, um turista que viajar de São Paulo até Salvador, por via aérea, para passar cinco dias e quatro noites, hospedando-se num hotel cinco estrelas, em apartamento duplo, e passeando pela cidade gastará quase 6 000 cruzados. Se procurar o agente e comprar um pacote do Passaporte Brasil, sua despesa não superará os 3 500 cruzados — ou seja, fará uma economia de 40%. ●

1. O que significa a expressão "está prestes a descobrir o Brasil"?

   _____

2. De acordo com o texto, o brasileiro pode comprar a quantidade de dólares que ele quer

   para viajar? _____

3. Quem lançou o programa *Passaporte Brasil*? _____

4. O que o *Passaporte Brasil* também proporciona ao viajante?

   _____

5. Os benefícios do *Passaporte Brasil* também se estendem a:

   _____

6. O que contém o livreto que o turista ganha de sua agência de viagens? Cite pelo menos

   cinco itens. _____

   _____

7. Até quando os benefícios do Passaporte Brasil são válidos?

   _____

8. Quanto uma pessoa deve pagar pelo *Passaporte Brasil*? _____

9. Diga como vai ser a campanha publicitária do Governo: _____

   _____

10. Se você vai de São Paulo até Salvador, escreva como seria essa viagem:

    a. Sem o *Passaporte Brasil* _____

    _____

    b. Com o *Passaporte Brasil* _____

    _____

X. "CRUZAMENTO DE FERROVIA"

CRUZAMENTO DE FERROVIA.
VOCÊ PODE PARAR. O TREM, NEM SEMPRE.

ATRAVESSE COM CUIDADO.

Só uma coisa pode explicar os acidentes quase diários nos 10 mil cruzamentos de ferrovia existentes no Brasil: a falta de atenção das pessoas. Elas esquecem de considerar um detalhe muito importante: parar um veículo de alguns poucos quilos é fácil. Parar um veículo de algumas toneladas é outra conversa. Como o peso é muito, a resposta não é imediata. O trem nem sempre consegue parar a tempo.

Como acabar com esse estado de coisas?

A Rede está cumprindo a sua parte, implantando e melhorando gradativamente as passagens de nível por todo Brasil.

Se você pode melhorar a sinalização e visibilidade nos cruzamentos de sua cidade, colabore.

Se você é motorista, muita atenção: pare, olhe, escute e só prossiga com total segurança.

O trem é seu amigo. Respeite a sua passagem.

Ministério dos Transportes.

RFFSA
REDE FERROVIÁRIA FEDERAL S.A.

1.   Rodovia é uma estrada para carro, ônibus, caminhão.

Ferrovia é uma estrada para _____ .

2. Qual a causa dos acidentes quase diários nas ferrovias brasileiras?

_____

3. O que as pessoas esquecem de considerar? _____

_____

4. Por que é difícil parar um trem? _____

_____

5. O que a Rede Ferroviária Federal está fazendo para diminuir os acidentes?

_____

6. Como motorista você pode colaborar das seguintes maneiras:

a) *parando..*

b) _____

c) _____

d) _____

7. A mensagem principal do anúncio é que:

a) você pode parar.
b) o trem é seu amigo.
c) você pode evitar acidentes.

XI. HISTÓRIA DE SUSPENSE

Vamos dar um outro fim à "História de Suspense" no nosso *Livro do Estudante*.
"Ela estava assustada, aterrorizada. Havia sido uma batida do assassino, ela bem o
sabia. Queria não atender, não sabia como, mas sentia que se abrisse a porte ela
estaria morta, que se tocasse a maçaneta seria sua perdição. Mas ela não con-
seguia. Algo maior, mais forte que ela a impelia para aquela porta. E então ela abriu
a porta. ... " (Continue.)

_____

_____

_____

_____

_____

_____

_____

_____

_____

_____

_____

UNIDADE 6

OS BRASILEIROS

PARTE I

I. APRESENTAÇÃO -- *OS BRASILEIROS*

A. **Escreva a palavra ou expressão do texto que significa o seguinte:**

1. moram, residem _____

2. pessoas da Europa _____

3. pessoas que trabalham para o seu dono _____

4. faz muito tempo _____

5. uma coisa clara, óbvia _____

6. coisas guardadas, não esquecidas _____

B. **Escreva um parágrafo descrevendo o que você aprendeu sobre os brasileiros.**

_____

_____

_____

_____

_____

_____

_____

II. EXPRESSÕES IDIOMÁTICAS COM O VERBO DAR

A. **Assim não dá!** Complete o diálogo usando as expressões com o verbo *dar*: *dar-se conta de, não dar, dar certo, dar vontade de, dar bolas, dar um jeito.*

— Essa viagem não vai _____.

— Por que você diz isso? Você é muito pessimista e nem _____ que isso é muito negativo.

— Não é bem isso. O negócio é que para você tudo é mais fácil porque você não

_____ para bobagens.

— E porque você não faz como eu? Eu procuro _____ nas coisas. Você precisa ser mais flexível.

— Eu sei. Você está certo. Às vezes me _____ não fazer planos para nada. Acho que as minhas férias aqui mesmo.

B. **Sem tempo para namorar. Complete o texto usando as seguintes expressões:** *dar vontade de, dar-se conta de, dar o fora, dar um jeito, dar certo, não vai dar, dar bolas.*

Ana está triste. Na semana passada o Roberto, o seu namorado, lhe _____. Ele

falou — Ana, assim _____ mais para continuar! Roberto pensa que a Ana não

_____ para o namoro deles. Ela não tem tempo para ele e está sempre

ocupada. Ana sabe que ela precisa organizar melhor o seu tempo e nem _____ que

ela muitas vezes não _____ para o Roberto. Esse mês ela só saiu com ele duas vezes.

Ana bem sabe que un namoro assim não vai _____. Às vezes lhe _____

parar de trabalhar mas ela precisa do dinheiro para continuar os estudos. Hoje ela vai telefonar

para o Roberto e vai _____ de convencê-lo a voltar o namoro com ela.

III. *QUE HORAS SÃO?*

A. **A que horas**? Siga o modelo e complete a lista abaixo.

	CANAL 23: Programação depois das 20:00 da noite
20:00	CAMBALACHO -- novela
21:10	CASAL 2.000 -- seriado
21:50	COMO VAI A SELEÇÃO -- Copa do mundo
22:00	JORNAL NACIONAL
22:35	CONEXÃO -- entrevista
22:40	O SUCESSO DO MOMENTO -- música
23:00	FILME -- ``Hanna e suas Irmãs'', de Woody Allen
1:00	XINGU -- documentário sobre o índio brasileiro
1:45	NOTÍCIAS DE PORTUGAL
2:00	SESSÃO EXTRA -- filme: ``Parahyba, Mulher Macho'' de Tizuka Yamasaki com Tânia Alves e Cláudio Marzo
3:50	ENCERRAMENTO

A que horas é

1. o *Jornal Nacional*? *às 20:00 horas.*

2. a novela *Cambalacho*? _____

3. *Conexão*? _____

4. o *Encerramento*? _____

5. *O Sucesso do Momento*? _____

6. o documentário *Xingu*? _____

7. o seriado *Casal 2.000*? _____

8. o filme *Parahyba, Mulher Macho*? _____

9. *Notícias de Portugal*? _____

10. *Como vai a Seleção*? _____

B. **Que dia!** Descreva o que o professor Golias fez ontem.

	TERÇA-FEIRA
8:00	café da manhã Às oito da manhã ele tomou o café da manhã.
8:30	faculdade -- aula de português
9:00	falar chefe do departamento
11:15	preparar o teste dos alunos
12:00	almoço com o Prof. Hércules
2:00	aula de literatura brasileira
3:00	atender os alunos
4:00	reunião do departamento
5:45	telefonar para o reitor
6:30	jantar no Restaurante Leblon
8:00	Teatro Municipal: Balé Folclórico

10:00	Corrigir os testes dos estudantes_____

C. **O que eu vou fazer**! Teresa marcou um encontro com Bernardo às 19:30 em frente da biblioteca. Ele esperou por ela mais de vinte minutos. Ele já ia embora quando ela apareceu! Escreva o diálogo deles.

Bernardo — _____

Teresa — _____

Bernardo — _____

Teresa — _____

Bernardo — _____

Teresa — _____

Bernardo — _____

Teresa — _____

D. **Lendo e escrevendo**

1. Agendas: Escreva por extenso três atividades do presidente, do governador e do prefeito.

AGENDAS

EXECUTIVO

Presidente
09h
Reunião ministerial
15h
Senhor Alexandre Hay, presidente do Comité Internacional da Cruz Vermelha, a senhora Mary D'Aché Assumpção Harman, presidente da Cruz Vermelha Brasileira
15h20
Ministro do Trabalho
16h
Ministro da Reforma e do Desenvolvimento Agrário

17h20
Senhor Turíbio Santos
17h40
Governador Gonzaga Mata do Ceará

Governador
8h30
Assessor especial
9h
Reunião da secretariada -- área social
12h
Secretário de governo

15h
Ceremônia de assinatura de decreto de Descentralização do DAEE e o Departamento Nacional de Águas e Energia Elétrica
16h30
Despachos administrativos
17h30
Coordenador de imprensa
19h
Cumprimentos de Natal do corpo consular

Prefeito
8h
Ricardo Izar
8h30
João Melitão Neto sec. coordenação governamental
9h
Assoc Paulista de Cirugiões e Dentistas dep. Baldacci
9h30
Proença de Gouvea sec. SHS
14h30
Pavia Zingg sec SME-BES

Presidente

1. *Às nove horas da manhã o presidente tem reunião ministerial.*

2. _____

3. _____

Governador

1. _____

2. _____

3. _____

Prefeito

1. _____

2. _____

3. _____

2. "Medir o Tempo, uma preocupação que tem 5 mil anos". Leia o artigo e responda às perguntas.

    1. Antigamente o homem media o tempo
       a. com os relógios de quartzo.
       b. com os relógios atômicos.
       c. com os relógios solares dos egípcios.

    2. Qual é o padrão oficial de medição do tempo em todo o mundo?

    _____

    3. Determinar a hora através dos astros e sua relação com a rotação da terra não é tão confiável porque:
       a. a terra é redonda.
       b. a terra depende da influência dos astros, das marés e de outros fatores.
       c. a rotação da terra é constante.

    4. Falso ou verdadeiro? Os relógios de rubídeo fornecem a hora oficial do Brasil.

    5. Falso ou verdadeiro? Os relógios de rubídeo são usados para aplicações que não necessitam precisão absoluta.

    6. Descreva como funcionam os relógios de césio.

7. Falso ou verdadeiro? O átomo de césio oscila 9.192.631.770.000 vezes por segundo.

8. Que pesquisa está sendo feita para descobrir padrões ainda mais perfeitos de medição do tempo? _____

9. O que são pulsares? _____

10. Por que a energia dos pulsares pode ser mais constante do que a freqüência do césio? _____

Medir o tempo, uma preocupação que tem 5 mil anos

CRISTINA GRILLO
Da Sucursal do Rio

Há mais de cinco mil anos o homem se preocupa com a medição do tempo. Por volta do ano 3.000 a.C., ele se baseava na observação do Sol e nos primeiros relógios solares pelos egípcios. Depois, as formas de medição evoluíram e se aperfeiçoaram com a clepsidra, o relógio de água também criado pelos egípcios, os primeiros relógios de pêndulo (já em 1650), e finalmente os relógios de quartzo e atômicos, já em nosso século.

Hoje, o padrão oficial de medição de tempo em todo o mundo é a frequência gerada pela energia produzida pelos átomos de césio. "Até o início do século, a determinação da hora era feita através da observação da movimentação dos astros e sua relação com a rotação da Terra. A rotação era o padrão absoluto", afirma o chefe do Serviço da Hora do Observatório Nacional, Paulo Mourilhe, 47.

Com o surgimento dos relógios de quartzo na década de 30, descobriu-se que a rotação da Terra não era "tão confiável assim". "A Terra tem variações em sua rotação, dependentes da influência dos astros, das marés e de outros fatores", diz Mourilhe. Assim, segundo o chefe do Serviço da Hora, havia uma variação na duração dos segundos medidos com base na rotação terrestre.

O padrão, no entanto, não foi mudado logo depois desta comprovação. Só em 1967 "o padrão de césio passou a ser considerado mundialmente como base para a definição da unidade de tempo", afirma Mourilhe.

Os relógios de césio têm um funcionamento "muito simples" segundo Mourilhe: submetidos a um campo eletromagnético constante, o átomos de césio "oscilam" com uma frequência determinada. Um segundo é o tempo em que o átomo oscila um certo numero de vezes: 9.192.631.770.000 vezes, exatamente.

Mourilhe diz também que padrões ainda mais perfeitos de medição do tempo estão sendo pesquisados atualmente em vários lugares do mundo. Uma dessas pesquisas é a que estuda a emissão de energia dos pulsares —espécie de estrelas fora do sistema solar que emitem energia de uma forma pulsante. "Nada é definitivo nas ciências. Estamos perto de descobrir que a frequência do césio não é tão constante quanto parecia e que a energia dos pulsares pode ser mais confiável porque não sofre influências do sistema solar", afirma Mourilhe, lembrando que não sabe "onde isto tudo pode parar".

A Hora do Brasil

O Serviço da Hora do Observatório Nacional tem cinco relógios atômicos em operação. Dois deles são de césio —os que fornecem a hora oficial do país— e os outros três de rubídeo que podem apresentar variações de microsegundos e são usados para aplicações que não necessitam precisão absoluta. Dentro de seis meses, o Serviço deve receber mais três relógios atômicos de césio, com um custo de US$ 50 mil cada (aproximadamente Cz$ 740.000,00).

IV. ADVÉRBIOS

A. **Eu sei perfeitamente**! Reescreva as frases abaixo acrescentando os advérbios apropriados *maravilhosamente, diariamente, anualmente, realmente, finalmente, semanalmente, sinceramente, perfeitamente, carinhosamente, seriamente, constantemente, normalmente, geralmente.*

1. Meu pai chega em casa às 19:00 horas.

   Meu pai chega em casa diariamente às 19:00 hs.

2. Eu passo as férias no Rio de Janeiro.

   _____

3. Assisto o jogo de futebol na televisão.

   _____

4. Jantamos naquele restaurante italiano.

   _____

5. Ontem Sueli falou com o Miguel.

   _____

6. Eu sei que está na hora de sair.

   _____

7. O professor chega atrasado.

   _____

8. Ele sabe dançar o samba.

   _____

9. Nós vamos dormir à meia noite.

   _____

10. Eu não entendo muito de futebol.

    _____

B. **Quando você faz estas atividades**? Responda usando os advérbios *semanalmente, anual-mente, mensalmente, diariamente, constantemente, freqüentemente, raramente,* etc.

Quando você...

1. Joga o seu esporte favorito? _____

2. Assiste televisão? _____

2. Vai ao cinema? _____

3. Tem aulas? _____

3. Dorme até tarde? _____

4. Toma banho? _____

5. Acorda cedo? _____

6. Corta o cabelo? _____

7. Visita seus parentes? _____

8. Tira férias? _____

9. Consulta o médico? _____

10. Compra roupas novas? _____

11. Vai ao dentista? _____

12. Escreve para a família? _____

13. Limpa a casa? _____

14. Lava o carro? _____

15. Lava a roupa? _____

16. Vai ao supermercado? _____

17. Bebe com os amigos? _____

18. Vai dançar? _____

VI. LENDO E ESCREVENDO

A. " Os fetiches dos yuppies de Wall Street"

Os fetiches dos yuppies de Wall Street

Wall Street, com seus salários, comissões e outros ganhos astronômicos, acabou gerando uma onda de consumo de produtos de alto luxo que se alastrou feito fogo entre os yuppies, os jovens profissionais urbanos de alto poder aquisitivo. Estão aqui alguns dos artigos mais disputados pelos yuppies nas lojas, revendas e imobiliárias de Nova York e seus preços:

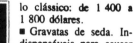

■ Relógio Rolex, de ouro 18 quilates, com calendário, modelo masculino: 2 900 dólares.
■ Automóvel Jaguar, modelo XJ 6, de fabricação inglesa. Bancos de couro. Chega aos 220 quilômetros por hora. Preço: 40 500 dólares.
■ Perfume Hermés, uma onça: 185 dólares.
■ Sapatos Gucci, clássicos, para homem: 225 dólares.
■ Sapatos Gucci, femininos, de salto baixo: 165 dólares.
■ Apartamentos em Manhattan, sem luxo e com área compacta: um dormitório, 220 000 dólares; dois dormitórios, 400 000 dólares; três dormitórios, 500 000 dólares.
■ Cobertura na Quinta Avenida. Dependendo da área, o preço varia entre 3 e 15 milhões de dólares.
■ Terno Giorgio Armani, em esti-lo clássico: de 1 400 a 1 800 dólares.
■ Gravatas de seda. Indispensáveis para causar boa impressão em ambientes finos. Entre 25 e 60 dólares.
■ Luvas de couro macio: 125 dólares.
■ Suéter de casimira, marca Polo, à venda na Ralph Lauren: entre 250 e 300 dólares.
■ Automóvel BMW, modelo 735i, de fabricação alemã. Está cotado em 52 000 dólares, mas pode ser encontrado por 45 000.
■ Automóvel Mercedes, modelo 560 SEL, alemão: 65 500 dólares. Um único inconveniente: as lojas estão com fila de espera.

1. O que são os yuppies? _____

_____

2. O que caracteriza a Wall Street? _____

_____

3. Que frase no artigo é o mesmo que "se espalhou como um incêndio"?

_____

4. Quais são alguns dos artigos mais disputados pelos yuppies nas lojas de Nova York?

_____

5. Quando custa um automóvel Mercedes, modelo 560 SEL?

_____

6. As gravatas de seda são indispensáveis para _____

_____

7. Quais são duas características do Jaguar inglês?

_____

_____

8. Dependendo da área, quanto custa um apartamento cobertura na Quinta Avenida?

_____

B. **"Onde comprar em Fortaleza"**

Um roteiro de compras por Fortaleza deve necessariamente começar pelo centro da cidade, onde estão o Mercado Central e o Centro de Turismo. Do mercado já falamos, mas vale lembrar que em suas imediações está a maior concentração de lojas de rede. Logo, não compre antes de pechinchar bastante em todas elas. Dali mesmo, a pé, rume para o Centro de Turismo, instalado na antiga Casa de Detenção. São dezenas de boxes onde o forte são as roupas com rendas e bordados, artigos de cama e mesa, enxovais de criança, artigos de palha, fibras, couro, chifre etc. Cada lojinha merece uma olhada cuidadosa. Aproveite que está perto (é só atravessar a rua) e conheça a galeria do Edifício Panorama Artesanal, com várias lojinhas de roupas e acessórios.

Se houver tempo, reserve uma tarde para andar pelas calçadas da Rua Monsenhor Tabosa, a meio caminho entre o Centro e a Praia do Meireles. São vários quarteirões repletos de lojas de artesanato e roupas, onde os preços são um pouco mais caros, mas há muita coisa que só se encontra ali. Indispensável é uma visita atenta à Central Cearense de Artesanato, um prédio lindíssimo com 24 oficinas, nas quais se vê o artesão trabalhando e se compra ali mesmo o seu trabalho. É, com certeza, onde se pode adquirir o artesanato mais puro em Fortaleza, a bons preços.

Às sextas-feiras, a partir das 18 horas, a Praça Portugal, na Aldeota, se transforma numa interessante feirinha de artigos típicos regionais. Rendas, roupas, objetos de palha (bolsas, cestos, tapetes), redes e principalmente as barraquinhas de comidas merecem um passeio pela praça.

A)

1. Por onde você deve começar o seu roteiro de compras em Fortaleza?

_____

2. Onde está a maior concentração de lojas de rede?

_____

3. O que significa "pechinchar"?

_____

4. Onde fica o Centro de Turismo? _____

_____

5. Cite quatro coisas que se encontram no Centro de Turismo:

_____

_____

6. O que você encontra na Galeria do Edifício Panorama Artesanal?

_____

7. Descreva a Rua Monsenhor Tabosa. _____

_____

8. Por que é indispensável uma visita à Central Cearense de Artesanato?

_____

9. Quando a Praça Portugal na Aldeota se transforma numa interessante feirinha regional?

_____

10. Quais são alguns artigos típicos regionais que se podem comprar na Praça Portugal?

_____

B) **Onde comprar na minha cidade**

Dê um roteiro de compras da sua cidade. Use o seguinte vocabulário: *centro da cidade, turismo, loja, butique, shopping, perto, andar pelas calçadas, adquirir, bons preços, artigos típicos regionais...*

Um roteiro de compras (continue) _____

_____

_____

_____

_____

_____

_____

_____

_____

VII. *PRONOMES OBLÍQUOS: OBJETOS DIRETOS E INDIRETOS*

A. **Promessa de amor**. Você promete ao seu amor várias coisas e ele promete a você também.

Use os pronomes *me, lhe, o, a*.

1. O seu amor:

a. *Ele vai me telefonar todos os dias.*

   b. (dar)_____

   c. (ver) _____

   d. (escrever) _____

   e. (trazer)_____

2. Você:

a. *Você vai lhe apresentar os seus pais.*

   b. (mostrar) _____

     c. (convidar) _____

     d. (dizer) _____

     e. (beijar) _____

     f. (ajudar) _____

B. **Eu digo não**! Siga o exemplo, escrevendo as respostas apropriadas usando *o, a, os, as*.

    1. Apago a luz? *Não a apague*!

    2. Tiro os sapatos? _____

    3. Sirvo o jantar? _____

    4. Compro a casa? _____

    5. Abro as janelas? _____

    6. Desligo a televisão? _____

    7. Fecho as portas? _____

    8. Chamo o garçon? _____

C. **Perguntas abelhudas** Responda às perguntas usando na sua resposta os pronomes *me, o, a,* etc.

    1. Quantas vezes por mês você escreve para os seus pais?

    _____

    2. E seus pais? Quando eles o visitaram?

    _____

    3. Quando você era criança, o que os seus pais lhe davam no Natal?

    _____

    4. Onde você conheceu o seu melhor amigo?

    _____

    5. Onde você compra as suas roupas?

    _____

6. Onde você vai passar as suas próximas férias?

_____

7. Quando você lê o jornal?

_____

8. Onde você vai comemorar o seu próximo aniversário?

_____

9. Algum dia você quer visitar os países da África onde se fala português?

_____

10. Você telefona sempre para os seus pais?

_____

D. **Diálogo: Um convite** Complete o diálogo.

Fernando   — Por que você não me telefonou?

Vera   — _____

Fernando   — Ah, sinto muito. Saí por uns quinze minutos. Você vai me desculpar?

Vera   — _____

Fernando   — Gostaria de convidá-la para ir ao concerto comigo amanhã. Você está livre?

Vera   — _____

Fernando   — Ah! Você tem um teste de português amanhã? Você não deve perdê-lo, pois o professor pode lhe dar uma nota baixa.

Vera   — _____

Fernando   — Podemos ir no próximo sábado. A que horas posso apanhá-la?

Vera   — _____

Fernando   — Legal. Então apanho você às sete em ponto. Tchau!

VII. LENDO E ESCREVENDO: *"Tudo sobre o seu pulso!"*

Hoje Apitidão total

TUDO SOBRE O SEU PULSO

O ritmo de seu pulso em repouso lhe dá importantes informações sobre sua saúde e aptidão física. A média no homem é de 72 a 76 batidas por minuto, nos meninos 80 a 84 batidas por minuto. Na mulher a média é de 75 a 80 batidas por minuto, numa menina é de 82 a 89 batidas por minuto. Em geral, quanto mais lento é o ritmo do pulso em repouso, mais saudável é a pessoa.

Seja seu ritmo em repouso de 60 ou 80 batidas, o exercício moderado elevará seu pulso a mais ou menos 120 batidas.

Sua meta é finalmente elevar seu pulso para 120 batidas mantê-lo assim por alguns minutos — todos os dias.

Como baixar seu ritmo cardíaco em repouso usando o guia de contagem de pulsações

Você não precisa ser um corredor de maratona para reduzir seu ritmo cardíaco em repouso em mais ou menos dez batidas por minuto. Qualquer exercício que imponha uma pequena sobrecarga a seu coração produzirá esse efeito.

No início do seu programa você vai se exercitar a 160 batidas, no máximo, qualquer que seja a sua idade. À medida que sua condição for melhorando, é importante que você se exercite a aproximadamente 120 batidas.

Você pode obter resultados em um mês. Se seu ritmo cardíaco em repouso é de 95 no princípio do treinamento, deverá ser de 90 depois de um mês de exercícios.

Teste de pulsação

Você mesmo aplica este teste, contando suas pulsações em várias condições de repouso e exercício moderado.

Provavelmente você há de querer saber qual é o melhor lugar para achar seu pulso. A maioria das pessoas prefere a artéria radial no próprio pulso.

Em estado de tranqüilidade e descontração você vai registrar seu mais baixo ritmo de pulsação em repouso. Ele deve estar abaixo de 100 batidas por minuto. Se seu ritmo de pulsação é inferior a 100 — dez batidas em seis segundos — você pode passar aos exercícios.

Há três exercícios de um minuto sobre um degrau. Após medir a altura do degrau com uma régua, consulte a tabela que acompanha este tópico. Veja onde aparece o seu peso e avance lateralmente pela tabela até o ponto de interseção com a coluna vertical onde está indicada a altura do seu degrau. Exemplo: uma mulher pesando 65 quilos e usando um degrau de 17,5 cm fará este exercício a um ritmo de 30 subidas por minuto.

O teste é simples: suba com o pé esquerdo, depois com o pé direito. Desça com o pé esquerdo, depois com o pé direito. Repita as subidas tantas vezes quantas indicar a tabela. Procure terminar em um minuto.

Caminhar, levantar algum peso, carregar coisas, subir escada, ter relações sexuais — qualquer coisa dessas serve.

A tabela que se segue dará a você uma indicação do número de calorias por minuto que você despenderia realizando as atividades enumeradas.

Atividade	Calorias despendidas por minuto
Caminhar, 3,2 km/h	2,8
Caminhar, 5,6 km/h	4,8
Pedalar, 8,8 km/h	3,2
Pedalar velozmente	6,9
Correr, 9 km/h	12,0
Correr, 11, 2 km/h	14,5
Correr, 18,2 km/h	21,7
Nadar *(crawl)*, 3,5 km/h	26,7
Nadar (de peito), 3,5 km/h	30,8
Nadar (de costas), 3,5 km/h	33,3
Golfe	5,0
Tênis	7,1
Tênis de mesa	5,8
Dançar *(fox-trot)*	5,2

1. O ritmo do seu pulso em repouso dá importantes informações sobre

   a. _____

   b. _____

2. "Em repouso" significa

   _____

3. Certo ou Errado? A média na mulher é de 72 a 76 batidas por minuto.

4. Quantas batidas por minuto é a média nos meninos?

   _____

5. O artigo diz que quanto mais lento é o ritmo em repouso

   a. mais doente é a pessoa.

   b. mais saudável é a pessoa.

   c. mais fraca é a pessoa.

6. Durante o exercício, qual é o número ideal de batidas por minutos que uma pessoa

   deve obter? _____

7. Que tipo de teste você usa para baixar o seu ritmo cardíaco em repouso?

   _____

8. Você mesmo aplica este teste de duas maneiras:

   a) _____

   b) _____

9. Como você pode achar o seu pulso?

   _____

10. Quando você vai registrar o mais baixo ritmo de pulsação em repouso?

    _____

11. Quais são dois momentos em que o seu ritmo de pulsação indica que você está

    calmo. _____

    _____

12. Quais são dois momentos em que o seu ritmo de pulsação é elevado.

    _____

    _____

13. Indique que item abaixo não é verdadeiro.

    a. Há três exercícios de um minuto sobre um degrau.

    b. Uma mulher pesando 65 quilos e usando um degrau de 17,5 cm. fará este

        exercício a um ritmo de 3 subidas por minuto.

    c. Você deve medir a altura do degrau.

    d. A altura do degrau depende do seu peso.

14. Explique em suas próprias palavras como se faz o teste de pulsação.

    _____

    _____

    _____

PARTE II

I. COMPRAS

A. **O meu dicionário.** Defina as seguintes palavras e expressões.

1. estar fora da moda   a. *quando uma pessoa usa roupas antigas*

Continue:

2. apertado   b. _____

3. caro   c. _____

4. preço   d. _____

5. devolver   e. _____

6. vendedor   f. _____

7. butique   g. _____

8. liqüidação   h. _____

9. sapataria   i. _____

10. joalheria   j. _____

11. recibo   k. _____

12. feira-livre   l. _____

B. **No Shopping Center Rio-Sul**. Complete o diálogo.

Roberto   — Ana, você está pronta? Vamos logo porque hoje tem uma grande liqüidação.

Ana   — _____

Roberto   — Preciso comprar o presente de aniversário da mamãe e quero comprar também o último disco da Simone e um par de sapatos. E você?

Ana   — _____

Roberto   — Bem, a gente pode ir primeiro na Farmácia Santa Maria para você comprar aspirina e depois vamos na Casa Elegante e você troca a blusa.

Ana   — _____

Roberto   — Você ainda vai comprar um vestido? Eu já fiz todas as minhas com-
                    pras e o meu dinheiro acabou. Além disso eu não quero usar o meu
                    cartão de crédito.

Ana   — _____

Roberto   — Sim, Ana, gosto muito desse vestido. Não, não está apertado. Vamos
                    parar agora e comer um lanche?

C. **Lista de presentes**. O que você vai dar no Natal para as seguintes pessoas?

1. Minha irmã Ana Amélia (13 anos)   *Eu vou dar uma bicicleta.*

2. Meu pai (adora ler) _____

3. O meu avô (gosta de futebol) _____

4. Roberto, meu melhor amigo (gosta de música clássica) _____

    _____

5. Ana Maria, minha melhor amiga (é muito romântica) _____

    _____

6. Vovó Lídia (gosta de ver novelas)_____

    _____

7. Meu irmão Júlio (joga tênis) _____

8. Tio Renato (adora comer)_____

9. Meu amor (o sonho é conhecer o Brasil)_____

    _____

10. Tia Elisa (adora jóias)_____

    _____

II. LENDO E ESCREVENDO.

A. " É fácil escolher presentes"

É muito fácil escolher presente:

é só dar o que você sempre gostou de receber.

Há alguns anos, ela escrevia "não esqueça a minha Caloi", e deixava para o pai ver.

Mas para você, ela pede uma Ceci de um jeito bem diferente.

Ela fala cheia de dengo: "eu gosto tanto de passear no parque, com vento no rosto"

Ou então "sonhei que nós dois estávamos na praia, andando de bicicleta no crepúsculo".

Dê logo uma Ceci para ela, amigo.

Mas seja durão: peça uma Caloi para você também, para ela não ficar andando sozinha por aí.

CALOI

O presente que ninguém esquece.

1. Como, de acordo com o anúncio, é muito fácil escolher presente?

   _____

   _____

2. Quando criança, o que a menina escrevia para o pai?

   _____

   _____

3. O que é uma Caloi?

   _____

   _____

4. Agora que a menina está uma moça, como ela pede o presente ao namorado?

   _____

5. Uma fala "cheio de dengo" é comum entre namorados. Quais são as duas falas dengosas da moça?

a) _____

b) _____

6. Qual o conselho do anúncio para o rapaz?

_____

7. Por que o anúncio aconselha o rapaz a comprar uma Caloi para ele também?

_____

h. De acordo com o anúncio, que tipo de presente é a Caloi?

_____

B. **Morumbi Shopping.**

Há vinte anos, o homem não tinha chegado à Lua. A TV era preto e branco, as novidades eram as galerias de lojas e o marketing de shopping center não existia. Foram precisos muitos anos de erros e acertos, pesquisas, estudos para chegar à elaboração de um centro de compras e lazer projetado de acordo com as necessidades do consumidor atual. No Brasil, isto aconteceu em 1982, nos EUA um pouco antes. O MorumbiShopping nasceu com uma proposta inovadora, concentrando não só as melhores lojas mas também uma diferenciada área de lazer. Dois anos depois, mais uma idéia arrojada: Morumbi-Fashion, que reuniu pela primeira vez num Shopping Center, estilistas lançadores da melhor moda brasileira. E em seguida o Exotiquarium, o maior aquário da América Latina.

Agora mais uma expansão, novamente inovando com a construção de um teatro, mais lojas de moda e uma rua especialmente projetada para reunir os mais destacados restaurantes da cozinha nacional e internacional.
Este é o MorumbiShopping completando 5 anos. Imagine quando ele fizer 20.

1. De acordo com o anúncio, há vinte anos:

   a) _____ _____

   b) _____

   c) _____

2. O que não existia há vinte anos?_____

   _____

3. O que foi preciso para se chegar à elaboração de um shopping moderno como o Morumbi Shopping?

   _____

4. Procure no texto a definição para 'shopping center.'

   centro de _____

5) Descreva a proposta inovadora do Morumbi Shopping:

   _____

6. O que é Morumbi Fashion?

   _____

7. A nova expansão do Morumbi Shopping inclui:

   a) _____

   b) _____

   c) _____

8. O anúncio está festejando o aniversário do Morumbi Shopping. Quantos anos ele tem?

   _____

C. "Goiânia já tem sua griffe"

Goiânia já tem a sua griffe

oiânia é uma cidade jovem que não pára de crescer: sua população quadruplicou nos últimos 18 anos. Hoje são mais de 1.200.000 habitantes, vindos de todo o Brasil. A maior parte da população é jovem como a cidade, possui elevado padrão de vida e alto poder aquisitivo. São conseqüências diretas de sua condição privilegiada de maior metrópole da região. Um lugar com essas características só poderia ter um comércio bem sucedido. Com seu requinte, Bougainville será, em meio a tudo isso, o centro comercial mais capacitado para atender todo o potencial da região geoconômica de Goiânia.

BOUGAINVILLE ESTÁ NO MELHOR DE GOIÂNIA.

Bougainville será o endereço mais charmoso e elegante da cidade. Não poderia ser de outra forma: localizado próximo ao Centro e junto aos setores mais sofisticados de Goiânia, Bougainville fica na região de maior renda per capita do Estado. Juntamente a isso, o acesso por avenidas principais e o estacionamento coberto para 5.000 carros/dia, fica fácil concluir que tudo de melhor e de mais chique acontecerá no Bougainville, um shopping center que é uma verdadeira mina de ouro por sua localização.

O MELHOR DE GOIÂNIA ESTÁ NO BOUGAINVILLE.

Bougainville foi projetado para ser um local aonde ir às compras se transformará em um agradável passeio para um dia inteiro.

shopping center BOUGAINVILLE

(MARCA)

PLANEJAMENTO, DESENVOLVIMENTO, IMPLANTAÇÃO E MARKETING.

Av. dos Eucaliptos, n.º 532 04617 - São Paulo-SP
Tel.: (011) 530-3363 e 531-0565

encol

Av. República do Líbano, 1786
Tel.: (062) 225-6644
CEP 74000 - Goiânia-GO

Sua distribuição interna foi cientificamente estudada para o maior conforto do consumidor. Para o lojista, as vantagens começam pelo fato de que cada ponto de venda é valorizado por igual, evitando "estrelas" ou "figurantes". Além disso, o baixo custo operacional e o fato de estar dentro de um local, que por si só já é um estímulo para vendas, fazem com que Bougainville seja uma opção irrecusável para quem deseja fazer sua estréia ou aumentar sua participação no comércio de Goiânia.

BOUGAINVILLE NÃO É UM DELÍRIO: É MAIS UMA OBRA ENCOL.

O simples fato do Bougainville nascer de uma exigência de Goiânia não é sua maior garantia de sucesso. Quando uma empresa com o know-how da Encol resolve construir uma shopping center, prepare-se porque é para arrasar. A Encol é simplesmente a melhor e maior construtora civil do País, e isso não é apenas um slogan: é título concedido pela revista Exame (edição Melhores e Maiores/87) pela sua extraordinária taxa de crescimento anual. Quem está de olho no mercado goiano jamais poderá ficar de fora do Bougainville.

1. Como a população de Goiânia cresceu nos últimos dezoito anos?

_____

2. Qual é a população da cidade agora? _____

3. Como é essa população? _____

_____

4. Para que o Shopping Center Bougainville vai estar capacitado?

_____

5. Onde está localizado o Bougainville? _____

_____

6. Qual é a capacidade do estacionamento do Bougainville? _____

7. O Bougainville foi projetado para ser um local de compras e ...

_____

8. Quais são as vantagens oferecidas ao consumidor, no Bougainville?

_____

9. Quais são as vantagens oferecidas ao lojista? _____

_____

10. Por que o Bougainville é uma opção irrecusável para quem deseja aumentar a sua participação no comércio de Goiânia?

_____

11. Quais são as duas garantias de sucesso do Bougainville?

_____

12. Você sabia que Goiânia é a capital do estado de Goiás? Onde fica este Estado?

_____

D. "No final das contas"

No final das contas

A partir de agora, Sergipe mudará, definitivamente, o rumo de sua história.

No primeiro semestre do ano que vem, Sergipe ganhará o que há de mais moderno em matéria de Shopping Center no Nordeste. O RioMar Shopping Aracaju será o mais novo pólo comercial da Região.

Localizado na Coroa do Meio, próximo aos bairros de maior poder aquisitivo da cidade, esta região, caracterizada pelo turismo e pela forte expansão residencial, oferecerá ao RioMar Shopping Aracaju um crescimento acentuado de vendas, a curto prazo.

O potencial deste mercado, após rigorosamente estudado, foi confirmado quando duas das maiores lojas âncoras brasileiras, MESBLA e BOMPREÇO, aderiram ao projeto do RioMar.

Hoje, mais de meio milhão de pessoas, desejosas por consumir em shopping centers, compõem a área de influência do RioMar. Em menos de 10 minutos de carro, a grande maioria da população de Aracaju terá acesso, através da Avenida Beira Mar, ao novo ponto de encontro, de compras, serviços e lazer da história do Estado de Sergipe. Afinal de contas, serão 1.000 vagas fáceis e grátis, escadas rolantes, som ambiental, dezenas de lojas e butiques, cinemas, banco, ar condicionado central, praça de "fast-food".

MESBLA

RIOMAR

SHOPPING ARACAJU

tudo isto, em aproximadamente 22.000 m² de área construída, trazendo prazer ao ato de comprar.

Com um belo projeto arquitetônico, funcional e de fácil manutenção, o povo sergipano, através dos 110, apenas 110, lojistas que completarão o "tenant-mix" do RioMar, receberá este moderníssimo equipamento de vendas.

Lojista profissional, junte-se aos 4.800 m² de área de venda da MESBLA, aos 3.600 m² de área de venda do BOMPREÇO e tire proveito do fluxo desses dois grandes geradores de público consumidor. Afinal de contas, estas grandes âncoras só avalisam empreendimentos fadados ao sucesso.

O GRUPO GÓES-COHABITA, tradicional construtora nacional, a EMURB e o GRUPO SHOPINVEST com larga e comprovada experiência na área de shopping centers, convidam vocês para participar também deste primeiro e verdadeiro shopping center sergipano. As obras já começaram e estão em ritmo acelerado.

Hiper bompreço

A partir de agora, se você quer lucro no final das contas, não fique fora deste empreendimento.

1. Por que, a partir de agora, Sergipe mudará? _____

_____

2. Como será o RioMar Shopping Aracaju? _____

_____

3. Onde está localizado o RioMar?

_____

4. Como se caracteriza a região onde está o RioMar?

_____

5. Quantas pessoas aproximadamente, desejam consumir em Shopping Centers na área

   de Aracaju? _____

6. Como o projeto arquitetônico do RioMar? _____

_____

7. Qual é a construtora do RioMar? _____

8. Você sabia que Aracaju é a capital do estado de Sergipe? Onde fica este Estado?

_____

III. CORRELATIVOS E COMPARATIVOS

A. **Fazendo comparações** Complete as frases abaixo usando os correlativos *tão ... quanto*; *tanto... quanto*; *tanto quanto*.

1. Meu pai é *tão* inteligente *quanto* minha mãe.

2. Eu viajo _____ _____ meus irmãos.

3. Nós moramos _____ longe _____ o Renato.

4. Eu tenho _____ coragem _____ o Tarzan.

5. O seu time jogou _____ bem _____ o nosso.

6. Os meus colegas dançaram _____ _____ puderam.

7. Os nossos professores são _____ bons _____ os deles.

8. O francês da minha irmã é _____ ruim _____ o meu.

9. Eu sei _____ _____ você.

10. Nós temos _____ tarefas _____ vocês.

11. Eu me senti _____ mal _____ uma pessoa doente.

12. Os homens trabalham _____ _____ as mulheres.

B. **Mais ou menos?** Faça frases usando as sugestões abaixo:

Ex: *Eu sou mais alto do que o meu pai.*

Eu sou Meu irmão é etc.	mais menos	alto magro cafona baixo bonito inteligente fofoqueiro cafona simpático forte feio	do que	meu pai meu irmão etc.

1. _____

2. _____

3. _____

4. _____

5. _____

6. _____

7. _____

8. _____

9. _____

10. _____

C. **Os mais do mundo**.

Vai fazer frio? Vai chover? Ai, que calor! Todo mundo se preocupa com o tempo. Onde se pode viver sem estas preocupações?

O lugar mais quente do mundo

Um dos lugares mais quentes do mundo é Al 'Aziziyah, na Líbia, onde a temperatura já chegou a 58º C. No Vale da Morte, na Califórnia e Nevada, o mercúrio já subiu a 49º C. durante seis semanas. Em lugares assim é preciso beber muito líqüido, usar roupas claras e largas e não ficar exposto ao sol. É recomendável ter um bom sistema de ar condicionado em casa e uma geladeira generosa. Miss Manners aconselha: não convide um pingüim para o jantar!

O Lugar mais frio do mundo

Escreva um parágrafo sobre o lugar mais frio do mundo seguindo a estrutura do modelo acima:

_____

_____

_____

_____

_____

_____

_____

_____

_____

_____

_____

IV. PRETÉRITO PERFEITO, VERBOS IRREGULARES

A. **Complete as frases com o pretérito perfeito dos verbos indicados:**

1. *Saber*

    a. Eu _____ que você está rico.

    b. Nós _____ organizar um bom programa.

    c. Você já _____ quem ganhou no jogo?

    d. vocês _____ o que aconteceu comigo?

2. *Trazer*

    a. Você _____ vinho para o jantar?

    b. As chuvas _____ muitos problemas?

    c. Nós _____ presentes para todos.

    d. Eu _____ tudo que você quis.

3. *Poder*

    a. Por que vocês não _____ vir à reunião?

    b. Minha irmã _____ sair cedo do escritório.

    c. Eu não _____ telefonar para você ontem.

    d. Nós _____ descansar no fim da semana.

4. *Pôr*

    a. Eles _____ tudo no lugar certo.

    b. Eu já _____ a comida na geladeira.

    c. Quem _____ estes mapas aqui?

    d. Você e eu _____ gasolina no carro.

5. *Haver*

    a. _____ muitos acidentes na estrada.

    b. Não sei o que _____ com você.

    c. _____ muito interesse em nosso filme.

    d. Os jornais noticiaram que não _____ ninguém no navio naufragado.

6. *Dar*

    a. O professor ontem não _____ um teste.

    b. No Natal eu _____ um relógio para o meu pai.

    c. Os meus irmãos não _____ um presente à mamãe.

    d. No sábado passado eu e o Marcos _____ uma festinha lá em casa.

B. **Lembranças do Brasil**. Complete o diálogo.

Armando	— O que você trouxe para mim do Brasil?
Júlia	— _____
Armando	— Uma carteira de couro! Que legal! Vou pô-la no meu bolso agora mesmo. Ah, eu soube que você visitou a Amazônia.
Júlia	— _____
Armando	— E você trouxe alguma coisa interessante de lá?
Júlia	— _____
Armando	— Você pôde ver o Rio Amazonas e a floresta?
Júlia	— _____
Armando	— E o que você pode dizer do povo brasileiro?
Júlia	— _____

C. **O ano acabou**! Hoje é o 31 de dezembro. Primeiro, faça uma lista das coisas mais importantes que aconteceram com você e sua família durante o ano que acaba de passar, depois escreva uma curta composição usando os ítens da sua lista.

1. Lista de acontecimentos:

a)_____ f) _____

b) _____ g)_____

c)_____ h) _____

d) _____ i) _____

e)_____ j) _____

2. O ano acabou!

No ano passado... _____

_____

_____

_____

_____

_____

_____ _____

_____

_____

D. **Um dia de compras**. Faça uma descrição de um dia de compras, respondendo às seguintes perguntas:

1. Onde você foi fazer compras?
2. Onde fica esse lugar?
3. A que horas você foi?
4. Que roupa vestia?
5. Onde estacionou o carro?
6. Você tinha uma lista de compras?
7. Qual a 1ª loja em que v. entrou?
8. Descreva o lugar: *calmo, agitado*, etc.
9. Onde você parou para lanchar?
10. O que você comeu?
11. Você encontrou alguém conhecido?
12. Qual o artigo mais caro que você comprou?
13. Como lhe trataram os vendedores?
14. Comprou algo para mais alguém?
15. A que horas você voltou para casa?
16. Como você se sentia ao chegar em casa?

Ontem eu fui fazer compras (continue) _____

_____

_____

_____

_____

_____

_____

_____

_____

_____

V. IMIGRANTES

ESPECIAL

70 ANOS DE IMIGRAÇÃO JAPONESA

por Alberto Gambirasio(*)

A s cerejeiras estavam começando a florir, em Okinawa, naquele abril de - 1908. No porto da pequena ilha, 781 pessoas eram abraçadas por seus parentes e amigos: de um lado, os agricultores pobres, vestidos com roupas típicas; do outro, os viajantes, malas de bambu na mão, desajeitados e pouco à vontade em suas roupas ocidentais recém-compradas. O *Kasato Maru*, especialmente contratado pela companhia japonesa de emigração Kokoku, resplandecia na sua pintura nova: presa de guerra no conflito entre russos e japoneses, perdera suas características de navio-hospital para se dedicar ao transporte de passageiros.

Os ipês estavam florindo no Brasil, em 18 de junho de 1908. Enquanto o *Kasato Maru* aportava em Santos, várias centenas de olhos espantados procuravam ansiosamente ver algo da terra

Queriam enriquecer depressa e regressar ao Japão; mas adotaram a nova pátria e contribuíram decisivamente para seu desenvolvímento.

prometida: a recebê-los, entretanto, apenas as luzes cintilantes da cidade. Na manhã seguinte, ainda curiosos, os imigrantes japoneses eram embarcados no trem

_____
(*) Com a colaboração de Osvaldo Peralva (correspondente em Tóquio), de Neusa Pinheiro e do sociólogo Hiroshi Saito.

que os levaria a São Paulo. Mas os primeiros choques — uma língua incompreensível e uma comida estranha —, que se aliavam ao enorme cansaço de sessenta dias de navegação, não foram suficientes para destruir as esperanças de enriquecimento rápido e de curta permanência.

Esses eram os estímulos maiores que haviam convencido os primeiros imigrantes japoneses, em sua grande maioria pequenos agricultores, a aceitar o convite da empresa de emigração: esta

1. Quando os japoneses partiram de Okinawa para o Brasil?

_____

2. Como estavam as cerejeiras? _____

_____

3. Quantas pessoas vieram? _____

_____

4. Quais foram os dois tipos de imigrantes japoneses? _____

_____

5. O que era o Kasato Maru? _____

_____

6. Quando os imigrantes chegaram em Santos? _____

_____

_____

7. O que eles, com seus olhos espantados, procuravam ver no Brasil?

_____

8. O que aconteceu na manhã seguinte da chegada deles?

_____

9. Quais foram os primeiros choques? _____

_____

10. Quanto tempo durou a viagem até o Brasil? _____

_____

11. Que esperanças eles tinham? _____

_____

12. Esses imigrantes esperavam voltar depois ao Japão? _____

_____